JN302674

食物と健康の科学シリーズ

漬物の機能と科学

前田安彦
宮尾茂雄
………［編］

朝倉書店

執筆者

＊前 田 安 彦	宇都宮大学名誉教授
宇 田 　 靖	宇都宮大学名誉教授
津 田 孝 範	中部大学応用生物学部教授
＊宮 尾 茂 雄	東京家政大学家政学部教授
吉 澤 一 幸	東海漬物株式会社漬物機能研究所 常務取締役・所長
菅 原 久 春	秋田県立大学地域連携・研究推進センターコーディネーター
橋 本 俊 郎	ブータン国立ポストハーベストセンター技術アドバイザー

(執筆順, ＊は編者)

はじめに

　漬物に関する学術書，研究書は極めて少ない．その理由は，戦前から戦後にかけて漬物は家庭で漬ける食品だとの認識が一般にあって，家庭漬の解説書にとどまっていたことにある．酒井佐和子氏，遠藤きよ子氏などが極めてわかりやすい漬け方の本を出版し，家庭の主婦はこれを読みながら季節の野菜を漬けて食膳をにぎわしていた．秋も深まると八百屋の店先に干しダイコンの束が並んでいたものである．当時の市販漬物はべったら漬，たくあんなどを樽から取り出す対面販売が多く，主婦は丸々1本を紙に包んで持ち帰っていた．また梅干も当時は高塩で，円形の容器に詰まったものを買い，福神漬は酒悦のびん詰，缶詰を買っていた．ただ漬物は古漬，新漬を通じて変敗，腐敗する日持ちの悪い食品であり，購入に頼ることはこの程度で少なかったのである．

　しかし昭和38年頃からプラスチックパウチ（小袋）とシール機が開発され，80℃の熱水に浸す加熱殺菌機も売られるようになって，漬物は日持ちのよい食品に変わり，全国各地の名産漬物も居ながらにして食べられるようになった．また加熱殺菌のできない白菜漬や日本三大漬菜の野沢菜，広島菜，高菜も，経度，標高の産地移動，あるいは冷凍，コールドチェーン流通の低温処理で一年中食べられるようになった．これと同じ頃に農林省の「漬物農林規格（JAS）」が設定され，その規約上さまざまな分析，製造記録の保存が義務化されたため，各企業では大学卒の専門家の採用が一般的になった．要するにこの昭和38年のプラスチックパウチ，シール機，加熱殺菌製造の開発は漬物製造に革命的に働き，漬物の品質管理の向上，原料野菜栽培の多様化，新製品の開発で漬物工業と呼べるものになり，家庭漬から市販漬物の購入へと代わっていったのである．

　現在，日本農芸化学会，日本食品科学工学会における漬物の研究発表は常に10題を数え，その学会誌への論文執筆も増えている．とくに，各地の地方自治体の研究所職員が行う名産漬物についての講演発表は参考になるものが多い．さらに漬物の研究機関である「一般社団法人全国漬物検査協会」は，年に1回漬物

技術研究セミナーを実施しており，常に5, 6題の研究発表が行われている．

　今回，朝倉書店が食物と健康の科学シリーズの1冊として『漬物の機能と科学』の出版を計画されたことは，漬物研究者のすべてが喜ぶところであろう．執筆には，漬物製造および原料野菜の科学に詳しい7名の大学関係者，食品研究機関の研究者，大手漬物研究所の研究所長といった，現在得られる最高の方々に参加願った．目次を見てもそれぞれの専門領域の執筆にご努力いただいたことがわかる．とくに，機能性食品の大型コホート研究で唯一その有効性が証明されている「野菜の硫黄化合物」は他の書物では未見の貴重なものであるし，「漬物工業における微生物管理」では現在の食品工業の抱える最大の問題点である食中毒，そして細菌汚染と除菌について余すところなく解説いただいた．また，その他の執筆者にもそれぞれの分野での最新情報，技術の解説をいただいている．漬物工業の最高・最新の研究書・技術書として，漬物に関与する技術者，研究者，食品工業への就職を希望する大学院生，学生，さらに漬物を漬ける家庭の主婦の方にも得るところは多いだろう．

　最後に，本書の刊行，編集，校正から索引の作成までご努力いただいた朝倉書店の皆様に厚く御礼申し上げる．

　2014年9月

前 田 安 彦

目　　次

1. 漬物概論 ……………………………………………〔前田安彦〕… 1
   1.1 漬物の歴史 …………………………………………………… 1
      1.1.1 漬物の歴史概論 ………………………………………… 1
      1.1.2 『斉民要術』における中国の漬物 …………………… 2
      1.1.3 『延喜式』における日本の漬物 ……………………… 2
      1.1.4 江戸から近代の漬物 …………………………………… 5
   1.2 漬物の基本的知識 …………………………………………… 6
      1.2.1 「漬かる」ということ ………………………………… 6
      1.2.2 野菜の風味主体の漬物 ………………………………… 6
      1.2.3 野菜の風味に発酵味の加わった漬物 ………………… 6
      1.2.4 調味料の味主体の漬物 ………………………………… 7
      1.2.5 漬物と食塩 ……………………………………………… 7
      1.2.6 市販漬物の呈味成分 …………………………………… 7
      1.2.7 漬物の原料野菜 ………………………………………… 8
   1.3 漬物用野菜・果実 …………………………………………… 9
      1.3.1 主要野菜・果実等 ……………………………………… 9
      1.3.2 主要野菜・果実以外の原料 …………………………… 17
   1.4 漬物用資材 …………………………………………………… 17
      1.4.1 味覚資材 ………………………………………………… 17
      1.4.2 甘味資材 ………………………………………………… 18
      1.4.3 酸味資材 ………………………………………………… 18
      1.4.4 美化資材 ………………………………………………… 19
      1.4.5 防腐資材 ………………………………………………… 19
      1.4.6 包装資材 ………………………………………………… 19

2. 漬物の健康科学······21
2.1 現代食生活における漬物の位置付け······〔前田安彦〕···21
2.2 野菜の機能性······23
2.2.1 野菜の硫黄化合物······〔宇田　靖〕···23
2.2.2 ショウガの健康機能性······〔津田孝範〕···40
2.2.3 プロバイオティクスとしての漬物······〔宮尾茂雄〕···50

3. 漬物各論······56
3.1 野菜の風味主体の漬物，新漬・菜漬······〔前田安彦〕···56
3.1.1 調味浅漬······56
3.1.2 菜　　漬······58
3.1.3 新傾向の新漬······64
3.2 調味料の風味主体の漬物，古漬······65
3.2.1 醬　油　漬······〔吉澤一幸・菅原久春・橋本俊郎〕···65
3.2.2 釜飯の素······〔前田安彦〕···79
3.2.3 酢　　漬······〔前田安彦〕···80
3.3 粕　　漬······〔前田安彦〕···86
3.3.1 奈　良　漬······86
3.3.2 ワサビ漬······87
3.3.3 山　海　漬······88
3.4 たくあん······89
3.4.1 概　　論······〔前田安彦〕···89
3.4.2 たくあん原木と調味······〔前田安彦〕···90
3.4.3 たくあんの臭い，色······〔前田安彦〕···92
3.4.4 塩押したくあん，東北のたくあん······〔菅原久春〕···93
3.4.5 干したくあん······〔吉澤一幸〕···95
3.5 ウメ漬物······〔橋本俊郎〕···100
3.5.1 ウメの主な品種と産地······100
3.5.2 梅漬・梅干加工における原料品質······102
3.5.3 梅漬・梅干の栄養・機能性······105

3.5.4　梅漬・梅干の低塩化と各種製品	106
3.6　麹　　漬 〔菅原久春〕	109
3.6.1　べったら漬	109
3.6.2　塩麹漬，三五八漬	110
3.7　キ　ム　チ 〔前田安彦〕	113
3.7.1　ペチュキムチ系漬物	113
3.7.2　カクトウギ系漬物	115
3.7.3　ムル（水）キムチ系漬物	116
3.7.4　その他のキムチ	118
3.7.5　日本のキムチの発展・進化の経路	119
3.8　発 酵 漬 物	122
3.8.1　概　　論 〔宮尾茂雄〕	122
3.8.2　京都の発酵漬物 〔宮尾茂雄〕	126
3.8.3　サワークラウト，ピクルス 〔宮尾茂雄〕	127
3.8.4　泡　　菜 〔宮尾茂雄〕	129
3.8.5　ぬかみそ漬 〔宮尾茂雄〕	129
3.8.6　赤 カ ブ 漬 〔宮尾茂雄〕	130
3.8.7　無塩発酵漬物 〔宮尾茂雄・前田安彦〕	131
3.9　水産物および水産物と野菜の漬物 〔前田安彦〕	133
3.9.1　魚 の 粕 漬	133
3.9.2　西京漬・味噌漬	134
3.9.3　サケのはさみ漬	134
3.9.4　ニ シ ン 漬	134
3.9.5　かぶらずし	135

4. 漬物工業における新製品開発 〔前田安彦〕 137

4.1　新製品開発の必要性	137
4.2　新製品開発の方向性の分類	138
4.2.1　新しい野菜を使った新製品	138
4.2.2　使用資材で変化をつける新製品	139

4.2.3　製造工程の改変による新製品 …………………………………… 140

5. 漬物工業における微生物管理 ……………………………〔宮尾茂雄〕… 143
　5.1　漬物と微生物 ……………………………………………………………… 143
　5.2　発 酵 漬 物 ………………………………………………………………… 144
　5.3　漬物の微生物による変敗と食中毒 ……………………………………… 144
　　　5.3.1　変　　　敗 …………………………………………………………… 144
　　　5.3.2　食 中 毒 菌 …………………………………………………………… 145
　　　5.3.3　漬物を原因とする食中毒 …………………………………………… 147
　　　5.3.4　漬物を原因とする主な食中毒事件 ………………………………… 149
　5.4　漬物の微生物管理 ………………………………………………………… 151
　　　5.4.1　一般的衛生管理 ……………………………………………………… 151
　　　5.4.2　保存性向上技術 ……………………………………………………… 152
　　　5.4.3　天然物質由来抗菌物質の漬物加工への利用法 …………………… 153
　5.5　漬物工業における細菌汚染と除菌 ……………………………………… 155
　　　5.5.1　生野菜の細菌汚染とその除菌方法 ………………………………… 155
　　　5.5.2　加工用原料野菜の細菌汚染 ………………………………………… 156
　　　5.5.3　浅漬における細菌の挙動 …………………………………………… 156
　　　5.5.4　加工用原料野菜の除菌 ……………………………………………… 157

索　　引 ………………………………………………………………………………… 167

1 漬物概論

● 1.1 漬物の歴史 ●

1.1.1 漬物の歴史概論

　食品の歴史は，主に古文書によって推定される．紀元前3世紀中頃の中国最古の辞書『爾雅(じが)』，2世紀の辞書である許慎の『説文解字』，および3世紀中頃の辞書である劉熙(りゅうき)の『釈名(しゃくみょう)』，また紀元前3世紀の周代の礼法書の『三礼(さんらい)』の1つ『儀礼(ぎらい)』などの中国古文書にはいずれも塩蔵品を示す言葉が見られ，漬物の存在を裏付けている．ただし，どれも製造法は書かれておらず，それを知ることができるのは6世紀中頃に出た賈思勰(かしきょう)の『斉民要術(せいみんようじゅつ)』以降になる.

　日本における漬物の歴史を見ると，最古のものは平城宮跡から発掘された，8世紀の天平年間の木簡に書かれた「菹(にらぎ)」「須々保利(すずほり)」「滓漬(かすづけ)」などの文字である．ついで天平11（739）年の『写経司解』には「菁一圍別塩三合」「瓜一百果別塩二升」とあり，また天平から宝亀に至る奈良時代には『食物雑物納帳』，『食料下充帳』などに多くの漬物が登場する．当時の漬物には食塩が不可欠であったが，塩は貴重品であり，海藻を使って海水を濃縮する原始的な「藻塩焼く」の製塩から，長門（山口県）あたりでつくられた煎塩鉄釜にようやく変わろうとする時代であった．そのため，「漬瓜一果」，「漬菜二合」などの単位で，僧侶以下舎人以上，経師以下雑仕以上など階級に応じて支給されたようである．その後，奈良時代の漬物を総合的に示したのが10世紀に編まれた『延喜式』である．ここには塩漬，醤漬(ひしお)，糟漬(かす)，菹，須々保利，搗(つき)，荏裏(えつつみ)の7種類が記載されている.

1.1.2 『斉民要術』における中国の漬物

『斉民要術』には漬物を専門に解説した「菹・蔵生菜の法」という項目があり，菘(コマツナ)，蕪青(カブ)，蜀芥(タカナ)の鹹漬(塩漬)法，湯漬(炒め漬)法，釀菹(丸漬)法，菘根蘿蔔(ダイコン酢漬)法，瓜芥漬(ウリカラシ漬)法など三十余種の製造法を見ることができる．また蔬菜の項目では，ウリ類，蓼葉の中に醤蔵(ひしお漬)が，梅・杏の中に梅干が，そして「八和ノ韲(やかてつきあい)」の項でニンニク，ショウガ，橘皮，白梅(干しウメ)，粟，粳米(うるちまい)の飯，塩，酢の8種を臼で搗いて和え物をつくり，この中に魚，肉などを入れた，日本の梅肉とかつおぶしを練り合わせた「練り梅」を思わせるものが出てくる．とくに興味深いのは，酢漬を「発酵酢漬」と「調味酢漬」の2つに明確に分けている点である．古い順に，烏梅汁(梅酢)にウリ，ミョウガを漬けた「調味漬物」の酢漬菜，野菜に発酵源として穀物を加えて塩漬けし乳酸を生成させた庵酢菜の菹菹，すなわち「発酵漬物」が出てくる．また，この庵酢菜が醸造酢発見以前の酸味料として料理に使われたことも書かれている．

1.1.3 『延喜式』における日本の漬物

『延喜式』に記載された漬物のそれぞれの配合を示す．

a. 塩漬

塩漬には，ワラビ，アザミ，イタドリ，セリ，ウリ，ナス，山蘭(ヤマアララギ，香辛料にするコブシの実)，生薑(クレノハジカミ，ショウガ)，ミョウガ，水葱(ミズアオイ)が挙げられている．使用する塩の量は，野菜1石あたり4合から6升と幅広い．

b. 醤漬

醤漬は，醤，未醤，滓醤のような「ひしお」(現在のたまり)あるいは味噌類似のものに野菜・山菜を漬けたもので，ウリ，冬瓜(カモウリ，トウガンのこと)，ナスの漬物がある．『延喜式』では，ウリ9斗に塩，醤，滓醤各1斗9升8合の配合と記載されている．初期にはタイ，アユ，アワビなどの水産物を漬け込んでおり，野菜はかなり遅れる．現在の味噌漬の主力であるダイコンは平安中期以降に漬けられ始めたようで，後冷泉天皇(1045年即位)の頃の藤原明衡の日記に「香疾大根(ばやきだいこん)」という記述が見られるまで出てこない．この香疾大根は後に香道の鼻休

めに使われ，「香の物」という語の発生に関わるといわれている．

c. 糟漬

糟漬は，汁糟にウリ，トウガン，ナス，ショウガなどを漬けるもので，ウリ9斗に塩1斗9升8合，汁糟1斗9升8合，滓醤2斗7升，醤2斗7升を使うとある．醤と糟の違いは判然としないが，汁糟は麹汁あるいは甘酒のしぼり糟と思われ，醤はたんぱく分解の味，糟はでんぷん糖化の味が想像される．また，糟は甘酒からの推量で酒粕とする考えもある．この酒粕については山上憶良が詠っているが，当時の酒は支那甘酒の系統であり，現在の酒粕の出現はかなり後になる．

d. 菹

菹という字は，中国の『釈名』，正倉院の『雑物納帳』にも見られる．「菹・葅」の字は「草」もしくは「炙（肉の意）」を阻して腐らなくさせたという意味で，漬物全体を表していた．一方，『延喜式』の菹は「にらぎ」と読まれ，現存しない独特の漬物を指す．漬け方は2工程に分かれる．まず楡の木の皮をはぎ，長さ1尺5寸，幅4寸くらいの大きさにして軒につるして乾燥させる．これを臼に入れて杵で砕いて粗粉とし，さらに臼で細粉にする．この寸法の楡の木の皮1,000枚で細粉2石がとれたという．続く漬け込みでは，菘菹（こまつなにらぎ）の例で菘3石に塩2斗4升，楡粉7斗5升の割合で漬ける．楡の皮が今の楡と同じものなのか，いかなる理由で使われたのかは不明で，実験を行って菹を復元した川上行蔵によれば，楡の皮に香気はなく香辛料的役割はなかったであろうという．ただこれが中国からきたことは確かで，『斉民要術』には楡子醤，楡醸酒というものがある．もし現在の楡の木の皮と同じものだとすれば，香気のない粉を使って漬物をつくるところは，たくあんの漬床に白ふすまを使うことに似ているといえる．

e. 須々保利

須々保利も現存しない漬物で，穀物や大豆を臼でひいた粉と食塩で床をつくり，カブ，葉菜類を漬けたものである．『斉民要術』に酢菹（ぬか漬）というぬかを使った漬物があるが，それに似てぬかみそ漬の前身のような漬物と想像できる．分量は，カブ1石に塩6升，米5升とある．粟の粉を使った須々保利もあって黄菜と呼ばれ，カブ5斗に塩3升，粟5升で漬け込むと黄色い須々保利になる．名称の由来は不明だが，『古事記』で応神天皇に酒を献上した人の名が須々許理（すずこり）とされており，このあたりに起源があるとも考えられる．須々保利の名は天平の木簡に

も見られ,『延喜式』をさかのぼること200年前にすでに知られていたようだ.

f. 搗

搗も須々保利同様に現存しない. ただ『万葉集』にもその名があり,『斉民要術』にも細切り菹である「キザミ」, それの発達したウメのヌタである搗韲（つきあえ）, そして完成された形の八和の韲などが出ているので, 重要な食品だったと思われる.「蒜搗」,「韭搗」,「菁根搗」,「多々羅比売花搗」など種類があり, 多々羅比売花搗は花のペースト, その他は野菜をすりつぶし, よく搗いて食塩とカメに漬け込んだ野菜の塩辛を想像させる. 現在の漬物では,「練り梅」が近いのではないかと考えられる.

g. 荏裹

荏裹は, エゴマ（荏）の葉にウリなどを包んで醤油漬にしたものである. エゴマは平安朝中頃の油脂原料として多用されたので, 葉も食べられたのであろう. 朝鮮半島では, エゴマは重要な醤油漬であるケンニップジャンアチの原料として今でも食べられている. また, 現代の日光にある「日光巻き」はエゴマの葉に長いトウガラシを包んで醤油漬にしたもので, 製法から見て荏裹の流れをくむ唯一の漬物として重要である.

『延喜式』記載の漬物はすべて『斉民要術』により, 中国からわが国への漬物伝来は文献上明らかである.『斉民要術』,『延喜式』, 現代漬物の関係を表1.1に示す.

表1.1 斉民要術・延喜式・現代漬物の関係

斉民要術	延喜式	現代漬物
鹹漬	塩漬	塩漬
越瓜・胡瓜醤漬	醤漬	醤油漬・味噌漬
瓜漬酒	糟漬	奈良漬
楡子醤・楡醸酒	菹	ぬかみそ漬
酢菹	須々保利	たくあん
八和の韲	搗	練り梅
蓼菹	荏裹	シソ巻トウガラシ
蔵梅瓜		酢漬
白梅		梅干

1.1.4 江戸から近代の漬物

『延喜式』以降に粟と食塩で漬けた須々保利から，玄米を精米するようになって生じた米ぬかを粟の代わりに使う「たくあん」が誕生したと考えられている．たくあんという名称は，寛永 16（1639）年頃，品川東海寺を訪れた徳川家光がダイコンの貯え漬を住職の沢庵宗彭(たくあんそうほう)から食べさせられて，その美味に「貯え漬にあらず沢庵漬と名付けよ」と命じたことに由来するという．宗彭は諸国を巡る中で，米ぬかを漬物に使うのを見て着想を得たのではないかと思われる．

江戸時代に入ると，料亭，飯屋，居酒屋の普及もあって漬物業を営む店が増えた．武士は茶の代わりに梅の花漬に湯を注いだ花湯を飲むことがあり，それを扱う香煎屋が現れ種々の漬物が普及した．一方，京都では慶長年間（1600 年前後），上賀茂神社の神官が栽培加工し贈答品とした「すぐき」や，大原で建礼門院をなぐさめようと里人が贈った「生しば漬」など，乳酸発酵漬物が売られるようになった．天保 7（1836）年発刊の小田原屋主人著『四季漬物塩嘉言』は漬物を単独で取り上げた最初の図書で，64 品目の漬物を解説している．野菜を塩漬けしてそのまま食べる新漬，鹹漬以外にも，出盛り期に大量の塩で野菜を貯えた「塩蔵」を塩抜きして調味液に漬ける古漬を取り上げたことは，漬物史上大きな出来事であった．

このように漬物の市販品は江戸時代からあったが，種類としては梅干，たくあん，べったら漬，古高菜漬，福神漬が見られるだけであった．戦後家庭環境，家族構成が変わると，「親が子に漬物の漬け方を教える」といった風習は薄れ，市販漬物の購入量が増えるとともに，種類も多様になっていった．時期を同じくして，プラスチック容器の普及，加熱殺菌，漬物の低塩化（労働量減少による食塩摂取量の低下にかかわる）に伴う加工時の腐敗防止のための冷蔵庫，チラー（冷却装置）の利用も一般的になっていった．さらには酸分解アミノ酸液などの調味料の発達，流通経路の確立，原料野菜の色調保持による漬物外観の美化もあって，今や漬物はほぼ購入する食材になったのである．

❖ 1.2 漬物の基本的知識 ❖

1.2.1 「漬かる」ということ

　動植物の細胞は，細胞膜に囲まれて安定した組織構造になっている．これが食塩，砂糖，アルコールなどの溶液に触れると，浸透圧により細胞膜の耐圧機構が破壊され，内からも外からも通ずる膜に変わる．この細胞膜が損傷した部分から細胞内に食塩が入る現象を「漬かる」といい，細胞膜破壊が3〜4割の場合は浅漬，7割以上でよく漬かった状態になる．なお細胞膜破壊の手段には浸透圧以外にも，木曽山中のすんき，新潟のゆでこみ菜漬，福井のすなな漬，中国の北京酸菜（スァンツァイ）などの無塩漬物で行われるブランチング（湯通し），家畜用無塩乳酸発酵漬物とでもいうべきサイレージで行われる強圧破壊，そして漬物には用いられていないが冷凍がある．

1.2.2 野菜の風味主体の漬物

　破壊された細胞膜を通って食塩が細胞内に入り込むと，中の糖，遊離アミノ酸，AMP（核酸関連物質），有機酸，香気性成分，水と混和して一種のスープを形成する．野菜の歯応えとこのスープの味を楽しむ一群の漬物は「野菜の風味主体の漬物」に分類され，浅漬，菜漬がこれにあたる．業界用語では新漬，俗にいう「お新香」である．この分類には果物を使った梅漬，梅干も含まれる．

1.2.3 野菜の風味に発酵味の加わった漬物

　すぐき，しば漬やぬかみそ漬のような乳酸菌の関与する乳酸発酵漬物，たくあんのような酵母の関与するアルコール発酵漬物は，微生物発酵により前述のスープの糖分が分解され味と香気が変化し，内容物が複雑になったものといえる．日本では「伝統漬物」のイメージの強い漬物だが，たくあんと家庭漬のぬかみそ漬以外は微々たるものである．しかし中国やヨーロッパではこの種の漬物が多く，泡菜（パオツァイ），酸菜，サワークラウト，ピクルスがよく食べられる．黄色くなった古漬高菜，アルザス風シュークルートのように，料理の酸味料として使われることも多い．

1.2.4 調味料の味主体の漬物

強い食塩で野菜の細胞膜を壊し，塩分濃度20%の状態で長く塩蔵した後に需要に応じて流水で高塩スープを流してしまい，その水を圧搾して除いてから残った野菜組織に外部から醤油や甘酢調味液を染み込ませた漬物がある．福神漬や甘酢ラッキョウがそれにあたり，野菜の風味よりも調味料が漬物の味になっている．この種の漬物は調味漬と呼ばれ，業界用語で「古漬」という．味噌床や粕床に塩蔵品から塩を抜いた野菜組織を漬けた味噌漬，粕漬（奈良漬）もこの分類に入る．調味液や床の味覚資材の配合で種々の味付けができ，野菜そのものよりはその配合の巧拙が味を支配する．

1.2.5 漬物と食塩

一般に，漬物は高塩分の食品だと思われている．しかし日本人全体の食塩要求量が減り，食品全体が低塩化している昨今，漬物でも低塩化は進み，極端な場合まったく漬かっていない部分が見られるほどである．表1.2に漬物の食塩含有量と，食塩2g相当量を示す．

1.2.6 市販漬物の呈味成分

種々の市販漬物の固形物量，呈味成分の平均値を表1.3に示す．消費者がそれ

表1.2 漬物の食塩含有量

品名	%	食塩2g相当量（目安）	品名	%	食塩2g相当量（目安）
甘酢ラッキョウ	2	100 g（大玉10個）	広島菜漬	2.7	74 g（中鉢軽く）
甘酢ショウガ	2	100 g（中鉢山盛り）	干したくあん	3.2	65 g（8切れ）
ハクサイ漬	2.2	90 g（中鉢山盛り）	東京たくあん	3.2	65 g（6切れ）
ハクサイキムチ	2.3	85 g（中鉢山盛り）	さくら漬	4.5	45 g（1/3袋）
野沢菜漬	2.3	85 g（小鉢一杯）	古漬高菜	4.5	45 g（小鉢山盛り）
奈良漬	3.5	80 g（大8切れ）	福神漬	4.5	45 g（1/3袋）
べったら漬	2.5	80 g（厚切り6個）	味噌漬	6.5	31 g（4切れ）

品名	%	1個量（1個食塩量）	品名	%	1個量（1個食塩量）
カリカリ小梅	10	2 g（0.2 g）	カツオ梅干	12	10 g（1.2 g）
カリカリ梅	10	8 g（0.8 g）	小梅干	15	2 g（0.3 g）
調味梅干	10	15 g（1.5 g）	本格梅干	18	20 g（3.6 g）

表1.3 主要な市販漬物の呈味成分(%)

新漬	固形物	食塩	グル曹	全糖	アルコール	酸	pH
ハクサイ漬	45	2.3	0.3	1	0.5	0.1	4.8
野沢菜漬	60	2.5	1.0	1	0.5	0.1	5.2
広島菜漬	65	2.2	0.5	1	0.5	0.1	5.5
ナス漬	45	2.5	0.4	1	0.5	—	5.0
砂糖しぼりダイコン	80	2.5	0.4	12	1.0	0.1	5.2
キムチ	80	2.5	1.2	3	1.0	0.4	4.6
	トウガラシ 1.0%　　ニンニク 0.5%						

古漬	固形物	食塩	醤油※	アミノ酸液※	グル曹	酸	糖	アルコール※
キュウリ醤油漬	75	4.0	25	—	1.5	0.2	—	0.5
キュウリ一本漬	65	3.5	4	—	0.7	0.2	3	0.5
福神漬	70	4.0	2	8	1.2	0.2	30	1.0
ダイコン調味キムチ	85	4.0	—	5	1.5	0.4	3	1.0
シソの実漬	65	8.0	—	15	2.0	0.2	3	0.5
ヤマゴボウ醤油漬	70	5.0	—	6	1.0	0.2	3	0.5
甘酢ラッキョウ	55	2.0	—	—	—	0.8	25	—
紅ショウガ	50	6.0	—	—	0.1	1.0	—	—
新ショウガ	50	5.0	—	—	0.8	0.9	—	1.0
甘酢ショウガ	60	2.0	—	—	0.1	0.9	15	—
ハリハリ漬	70	4.5	—	10	1.2	1.0	15	1.0
さくら漬	55	4.5	—	—	1.5	1.0	—	—
しば漬風調味酢漬	80	4.5	10	—	1.0	0.8	3	0.5
たくあん	90	3.5	—	—	0.6	0.2	15	1.0
つぼ漬	75	5.0	—	10	1.5	0.8	20	1.0
べったら漬	85	3.0	—	—	0.05	0.1	10	0.5
古漬高菜	75	4.0	10	10	2.0	0.5	—	1.0

※醤油, アミノ酸液, アルコールは容量%

ぞれの漬物の理想的風味をなんとなく知っているためか，これらの値から大きく外れる市販品は少ない.

1.2.7 漬物の原料野菜

　水産物や畜肉の漬物もあるが，ほとんどの漬物は野菜である．本節で述べた「野菜の風味主体の漬物」では生野菜やウメ，「調味料の味主体の漬物」では20%塩度で漬けて貯蔵した塩蔵野菜が中心になる．生野菜の場合は鮮度が重要なので

表 1.4 野沢菜の季節別の供給地（単位：トン，長野県漬物協同組合野沢菜部会，1990年）

産地別＼季節別	春 4～6月	夏 7～9月	秋 10～12月	冬 1～3月	計
山梨 埼玉 茨城 群馬	6,635.5	762.7	5,586.8	361.62	13,346.62
徳島	663.55		2,095.05	11,089.6	13,848.2
東海	663.55			361.62	1,025.17
長野	4,644.85	14,491.3	5,586.8		24,722.95
その他	663.55		698.35	241.08	1,602.98
計	13,271	15,254	13,967	12,054	54,546

国産品が使われるが，漬菜類は海外で低塩で塩漬けし，冷蔵コンテナで工場まで運ばれることもある．広島菜，高菜では冷凍して輸入することが多い．

調味料の味主体の漬物では，国産野菜を塩蔵して使う場合と海外から塩蔵品を輸入する場合がある．国内原料の場合は，農家との契約栽培で計画量を確保したり，産地を移動して一年中原菜を入荷したりしている．後者の一例として，野沢菜漬の原料野菜の季節別供給地を表 1.4 に示す．

甘酢ラッキョウ，紅ショウガは中国やタイから完成品を輸入することもある．梅干は中国，新ショウガは台湾から入ってくるが，珍しいものではアルゼンチンから梅干を輸入していたり，タイのチェンマイから小型の十全ナスの早穫りを空輸していたりもする．

衛生・安全面で心配されることもあるが，原菜輸入にも長い歴史があり，昔に比べて現在はかなり改善されているため，工程はすべて衛生的といってさしつかえない．

◀ 1.3 漬物用野菜・果実 ▶

1.3.1 主要野菜・果実等

漬物に使われる主な野菜・果実は 15 種あり，生産量の多い順に並べてみると，ダイコン，ハクサイ，キュウリ，漬菜，ウメ，ショウガ，ラッキョウ，ナス，カブ，シロウリ，ニンニク，山菜，キノコ，ワサビ，ヤマゴボウとなる．生野菜と

しては広く普及しているキャベツ，ニンジン，ネギ，タマネギ，ピーマン，セロリ，トマトなどの漬物は，全国的に見ても1～3種が売られている程度である．

a. ダイコン

収穫量149万トン，出荷量118万トンと，野菜では最も食べられている．上位5道県の生産量は，北海道16.8万トン，千葉16.3万トン，青森13.2万トン，宮崎10万トン，神奈川9.3万トンである．漬物としては，干したくあん，塩押したくあん，山川漬，寒漬，いぶりがっこ，べったら漬，砂糖しぼりダイコンなどのたくあん類，材料の80％近い割合を占める福神漬，さくら漬，味噌漬，奈良漬，韓国から入ったカクテキ系キムチなどがある．

たくあんは干し，塩押したくあんの合計で8万トン，福神漬は6万トンが食べられている．たくあんは品種が重要で，市販品には特性などによって専用種があり，これを外すと市場取引の対象にならない．ハゼという竹や木の棚をつくって葉付きダイコンを乾燥する干したくあんには，'西町理想'，'柳川理想'の血をひく'干し理想'系統が主体となり，以前全盛を誇った'阿波新晩生'も一部で使われる．この他，御園種を使って大型で晩秋から初夏にかけてじっくり漬けられた伊勢たくあんも，小型のものを選んで復活してきた．'練馬'は肉質が硬いので普通の干し用には使われないが，鹿児島の山川漬はこれを使い，乾燥途中で杵でつき，すのこのついた壺に漬ける「つぼ漬」として知られている．生ダイコンを重量8割減程度になるまで乾燥させてから壺熟成するので，チョコレート色の製品になる．

塩押したくあんは，'四月早生'，'みの早生'など干したくあんの端境期に大正年間からつくられていたが，昭和32（1957）年頃から乾燥用の'練馬'，'理想'などの秋ダイコンを塩蔵して1年中供給する塩押し本漬が開発され，'みの早生'などと違うしっかりした物性で地歩を固めていった．さらに，'みの早生'と秋ダイコンの中間に'白秋'，'新八州'の2品種が開発され，秋ダイコンでも'理想'のほかに'秋まさり'が加わって，たくあん用品種を構成するようになった．

b. ハクサイ

収穫量89.7万トン，出荷量70.8万トンと，野菜ではダイコンについで食べられている．茨城23.2万トン，長野21.3万トンと2県で収穫量の50％弱を占めており，ついで北海道3.2万トン，群馬2.9万トン，愛知2.8万トンと続く．かつ

ては11～12月に需要が集中していたが，今は年中消費されている．その理由の1つとしては，平成9年頃からキムチの生産量が上がったことがあり，今やたくあんを抜いて単品日本一になり，平成14年には38.6万トンとピークを迎えた．その後やや低下したものの，現在でも20万トン程度が安定して生産されている．使われるのは結球ハクサイがほとんどであるが，半結球の山東菜もある．

　品種（早生，晩抽性，極晩抽性，低温結球性，耐寒性，春播種），栽培地（冷涼地，高地，中間地，暖地）を選択し，育苗方法（露地育苗，温床育苗，トンネル栽培）を工夫すれば，ハクサイの収穫はほぼ1年中可能である．最も困難な2, 3月の収穫も，9月下旬播きで実現した．このように，現在ではいつでも工場に新鮮なハクサイが入荷できるようになった．

　ハクサイ漬を袋詰めにした際，切断面に緑，黄，白の対比が目立つ方が食欲をそそるので，漬物には主として黄芯系が使われている．'オレンジクイン'という球内が鮮やかなオレンジ色の品種もあるが，漬物にすると退色してしまうため，煮物，炒め物用にしか使われない．現在のハクサイは早生種で2 kg，普通種では3 kgほどになるので，漬物には刻んだ製品が多いが，4つ割，6つ割の製品も見られる．

　もともとハクサイは明治に中国から渡来したものである．明治28（1895）年，日清戦争の際に仙台師団の岡崎参謀が持ち帰った結球ハクサイの種子をもとに，宮城農学校の沼倉吉兵衛が試作をくり返し，松島ハクサイの名で大正13（1924）年に市場に出荷して普及したとされる．

c．キュウリ

　キュウリには，華南系，華北系，シベリア系の分類や，白イボ，黒イボの区別があるが，漬物用には古漬用の'四葉（スウヨウ）'，一本漬用の'トキワ'の2系統が重要で，これを間違えると市販に耐えないものになってしまう．四葉系には'鈴成四葉'，トキワ系には'さつきみどり'がある．またピクルス用には，シベリア系の'酒田'の改良種の'最上'が使われる．もともとの作期は5～11月で，冷涼地，中間地，暖地での栽培でまかなっていたが，周年供給が重要になったため12～4月はハウス栽培で供給している．古漬用の'四葉'は，夏栽培を20%食塩で塩蔵して使うほかに，中国などからの輸入も大量に行われている．

d. 漬 菜

一般にハクサイ・山東菜を除いた在来菜を一括して「漬菜」と呼び，全国各地の伝統野菜として存在している．大別すると，アブラナ群，水菜群，ハクサイ群，カラシ菜群，カブ菜群，そして雑種群に分けられる（詳細は 3.1 節を参照）．重要なのは高菜，広島菜，野沢菜の 3 種で，日本三大漬菜とも呼ばれて生産量も多く，大都市では入手しやすい．

e. ウメ

漬物の原料には野菜が多いが果実もあり，その代表がウメである．ウメ漬物は，サイズの大小，加工法によって，干し行程の入る梅干（梅干・かつお梅干），干さない梅漬（ドブ漬梅，カリカリ梅）に分けられる．また，シソ葉（あるいは合成着色料，赤ダイコン色素や赤キャベツ色素の天然系着色料）で赤く着色したものとそうでないものの 2 種がある．サイズ，干しの有無，着色の有無の組合せで 8 系統あり，さらに調味の有無，塩度の違い（塩分濃度 8～12％の減塩もしくは低塩製品から，18～25％の飽和で塩の吹き出した俗に「何もしない梅干」まで）もある．こういったウメ漬物の生産量は，年間約 4 万トンである．

名産地として知られる和歌山県の'南高梅'（南部川，芳養谷，秋津谷，三栖谷(みす)の 4 本の川の沿岸で栽培される）が全国的な梅干の主要品種になっているほか，'白加賀'，'豊後'，'十郎'，'皆平早生(かいだれ)'も存在する．小梅漬，小梅干（ホシッコ）に使われる品種には，'甲州小梅'，'竜峡(りゅうきょう)小梅'の 2 種がある．中国から輸入される梅干は，白粉梅，青竹梅を漬けている．

f. ショウガ

ショウガは，天平宝字 2 (758) 年の正倉院文書にクレノハジカミとして出ている．種子ができにくいため品種の分化は少なく，早生の赤みの淡い'金時'や'谷中'などの小ショウガ，'三州'などの中ショウガ，そして晩生の印度ショウガと呼ばれる大ショウガの 3 つに分けられる．上記 3 品種は紅ショウガ，甘酢ショウガ（寿司用のガリ），味噌漬ショウガの原料になるが，戦後になって，葉ショウガの根茎だけを栽培し味噌を塗って根だけ食べる「新ショウガ（はじかみ，棒ショウガ，筆ショウガなどとも呼ばれる）」がショウガ製品の重要部分を占めるようになった．この新ショウガはサラダ風ショウガとも呼ばれ，そのまま縦に切って食べるほか，ユズ風味，シソで甘酢漬にすることもある．新ショウガは，大部

分を食塩5％，酸0.9％，うま味調味料0.8％で調味酢漬にする．

　ショウガ栽培は，千葉，高知，長野の3県で国内生産の75％を占めているが，漬物用はタイ，中国から輸入されるものが大部分である．台湾あるいは中国福建省，広西チワン族自治区など暖地の畑では，50 cm 程度の溝を掘り，'谷中'，'金時'などの小ショウガを芽の伸長とともに土をかぶせていき耕地栽培をする．収穫期の8月頃になると，茎長が50 cmほどになり，根も十分に成長しているので収穫が行われる．よく洗浄して食塩6％，クエン酸1％で漬け，漬込容器の表面まで同成分の差し水をして落とし蓋と重石をのせて漬ける．冷蔵庫で漬け込みし，そのまま冷蔵コンテナで輸入する．

　ショウガ漬物は酢漬を代表するもので，年間6万トンの生産量がある．

g. ラッキョウ

　ことわざ「葷酒山門に入るを許さず」の「葷(クンシュ)」はニンニク，ノビル，ニラ，ネギ，ラッキョウのことで，いずれも硫黄化合物チオスルフィネートを含む．この化合物は硫黄化合物特有の臭気のほか，精力増強，抗菌性，血栓防止による心筋梗塞，脳梗塞の予防効果があり，健康性，機能性向上に役立つとされている．しかし，この精力増強が修行のさまたげになるとして，禅寺では食べることを禁止されていたのである．この中でラッキョウは，含まれるチオスルフィネートがメチル基であるため，アリル基のニンニクよりも刺激がおとなしく，口臭への影響も弱い．『延喜式』にも「薤」として出ており，古くから薬用，食用にされていた．

　ラッキョウは9月に植え付け，翌年の7月に収穫されるため夏の高温と乾燥対策の水やりを省略でき，富山県，福井県，鳥取県など日本海側の砂丘で主としてつくられていた．しかし酢漬の需要が高まって砂丘での生産だけでは間に合わなくなり，鹿児島県加世田市，宮崎県都城市でも栽培されるようになった．現在のラッキョウ酢漬の生産量は3.5～4万トンであるが，産地拡大でも需要に対応しきれていないため，中国湖南省からの1.5万トンもの輸入で不足を補っている．

　品種は'ラクダ'が歯切れがよく，ほぼこれ1種に頼っている．8，9月に種子球を植え付け，翌年6，7月に収穫する2年穫りの中玉（8 g 程度の球が1株に7，8球つく）と，畑にもう1年おいてさらに分球させ3年目の6月に掘る花ラッキョウ（3 g 程度の球が1株20球程度）がある．花ラッキョウは，福井県三里浜が

著名な産地である．ラッキョウは植えて 2 年目の晩秋に紫赤色の花を開くため，3 年獲りの場合にしか花は見られず，ゆえに花ラッキョウと呼ぶ説や，端(はな)を切るのでそう呼ぶという説もある．

　ラッキョウ製品は調味液組成により，甘酢，ぴり辛，たまり，ワイン，黒糖，レモン，塩，浅漬などに分けられ，種類が多い．

h. ナ ス

　ナスの漬物を周年供給できる企業は極めて少ない．有名なものに，'千両'，'式部'，'竜馬'といった中ナス，'筑陽'，'黒陽'といった長ナス，'羽黒'，'仙台'といった小長ナス，'民田'，'窪田'，'十全早穫り'といった小ナス，'泉州'，'紫水'といった大阪府泉佐野市，貝塚市で主に栽培されている水ナスがある．京漬物の材料としては，賀茂ナス，山科ナスも見られる．ナスは正倉院文書にすでに見られ，その紫赤色の美しさで日本人に親しまれてきた．周年供給が要望され，ハウス栽培で 10～12 月播きの 1～10 月収穫，露地栽培で 5 月播きの 8～10 月収穫が可能になっている．入手の難しい場合には，タイのチェンマイ付近から輸入することもある．

　ナスの欠点はへたのトゲがあることと，刻みナスの漬物では切り口がすぐ褐変することであったが，現在は'とげなし千両'のような品種もあり，また切り口は塩漬け時にサイクロデキストリンを加えてコーティングすることで変色を防げるようになっている．袋詰めにする際，注入液にナスから色が移る（色流れ）という問題もあったが，キトサンを入れることで無色透明を保てるようになった．これらの技術によって，千両ナスにタコ足状の切り口を入れた袋詰めサラダナスや，変色・色流れを防いで他の野菜と混ぜたミックス漬も可能になった．

　泉南の水ナス漬は，室町時代の文献にすでに載っている．4 月からハウス栽培で出荷され，10 月まで調味浅漬やぬか漬が入手できる．

i. カ ブ

　カブは中国からダイコンより早く入ってきており，『日本書紀』には持統天皇が五穀の助けにするためカブをつくることを勧める詔を出したことが記されている．色合い，形状（丸・縦長），大小（直径 5～15 cm）などの違いによって，様々な品種が全国でつくられている．系統としては，軟らかくて甘い'金町小カブ'のような西洋系と，京都の'聖護院カブ'，大阪の'天王寺カブ'，滋賀の'日野菜

カブ'のような東洋系がある．'日野菜カブ'は上部が淡紅色で下部は白色をしており，これに似た赤白2色のカブには福島の'舘岩カブ'，島根の'津田カブ'がある．また赤カブでは北海道の大野カブ，山形の'温海カブ'，高山の'飛騨赤カブ'，滋賀の'万木カブ'，愛媛の'伊予緋カブ'などが名高い．野菜の研究で著名な青葉高の著書『野菜―在来品種の系譜』には，実に102ページにわたるカブの記載があり，全国至る所に品種が存在するといっても過言ではない．筆者が各地のカブを食べ歩いた経験からは，白いカブが軟らかく，赤いカブは硬いという傾向があるように思われる．

　カブの漬物としては，京都の聖護院カブ，早生大カブの千枚漬，すぐき菜の乳酸発酵塩漬のすぐき，高山の紅カブ，松江の津田カブのぬか漬など数多くのものがある．またd項で述べた，葉を主体として食べるカブ菜も重要である．

j．越瓜（シロウリ）

　シロウリは平安時代にすでに食べられており，キュウリ（江戸時代後期から一般に普及した）よりも歴史は古い．かつては生産適温が25〜30℃と高いことから関西以西でつくられていたが，品種改良で関東でも栽培可能になった．現在でも育苗して5〜6月定植，7〜9月収穫か，5月の遅播きで8〜9月収穫の作柄が多い．品種としては'縞瓜'，'桂大白瓜'，'はぐらうり'があって，30〜45 cmになる．加工品の例では，奈良漬はシロウリを使うのが正統とされている．大型のものを半割りにして塩漬けしてから酒粕に漬け替え，さらに新しい酒粕に3〜4回漬け替えして，瓜の塩を粕に，粕のアルコールと糖分を瓜に移す成分変換で完成する．他にシロウリの漬物としては，強く圧した半割りの浅漬，味噌漬にした三重の養肝漬，そして千葉県佐倉・茨城県潮来でつくられている，二度の強圧漬け替えで完成する醤油漬の鉄砲漬が知られている．いずれの加工でも，種子のあるワタ部分を除いてから塩漬けに移る．

k．ニンニク

　陰陽思想にある「五葷」の第一の野菜である．9月頃にタネ球を植え，翌年の晩春から初夏にかけて根の部分の鱗茎を収穫する．わが国では古代から栽培され，『古事記』，『万葉集』にもその名が出ており，漢字では蒜と書く．強烈な臭いは，強壮成分の硫黄化合物アリルチオスルフィネート（アリシン）が分解したジアリルチオスルフィネートからくるものである．現在の栽培地の多くは北海道と東北

地方であり，とくに青森県では栽培品種が多い．1片の重量は50gくらいであるが，臭いの弱い1片80g以上のジャンボニンニクもある．

鱗片を95℃の熱湯に4分浸してすぐ冷却すると臭気をつくり出す酵素が弱まり，無臭ニンニク塩漬をつくることができる．ただし，食べれば残存酵素でアリシンが生成する．

l. ワサビ

学名を *Wasabia japonica* といい，北海道から九州までの山々の渓流の浅瀬に自生する日本特産の野菜である．『延喜式』にも各地から献納されたとあり，特有の鼻に抜ける辛味で珍重されてきた．静岡，長野が二大産地で，栽培は渓流に仕切りをつくって行う．天城山中の伊豆ワサビ，静岡市の静岡ワサビは渓流に多くの石を積み上げてワサビ田を築く畳石式，長野県安曇野市の穂高川地域では伏流水が湧き出す畑の高畦をつくりワサビ田形式で栽培している．

ワサビの辛味成分は，配糖体シニグリンがミロシナーゼの作用で分解し生成するアリルイソチオシアネート（辛子油）である．辛味は，根を100とすると葉は20，茎10とかなり差がある．安価なワサビ漬では主根に限定せず脇根を使うことが多く，細刻生ワサビ根茎10％，塩漬ワサビ葉柄33％，酒粕50％，砂糖7％という分析値がある．

粉ワサビ，練りワサビなど刺身についてくるようなワサビには，北海道，長野県などでつくられるワサビダイコン（ホースラディッシュ，市場名レホール）が使われている．ワサビと同じアブラナ科であるが全くの別種である．

ワサビのアリルイソチオシアネートは揮発性なので，ワサビ漬を放置すると辛味が減るのは揮発して失われたためと誤解されがちだが，実際はイソチオシアネートが水と反応して分解したためである．

m. ヤマゴボウ（モリアザミ）

漬物に使われるヤマゴボウは，モリアザミ（別名ゴボウアザミ）の和名をもつ植物である．ヤマゴボウが野菜として使われたのは比較的新しく，文久2（1862）年に岐阜県恵那市岩村町の三森山で採取されたのが最初である．明治に入って岐阜，長野，愛知の県境などで栽培が始まり，現在は青森，岩手で，海外では中国でもつくられている．なお，全く別のヤマゴボウ科の外来種にヤマゴボウの和名をもつ植物があり，これは有毒である．

ヤマゴボウのカリカリした歯切れは秋から冬の低温によって生じるので，初霜期から逆算して100～120日（生育期間）前の種播きをする．粕漬，味噌漬などにするが，多いのは金茶色素で橙黄色に着色した醤油漬である．味と色の鮮やかさで人気が出たため，ゴボウの漬物も種々つくられるようになった．

ヤマゴボウやゴボウの漬物の問題点は，袋詰めして3週間後あたりから成分のイヌリンが注入液中に析出し，白沈したり雲母状物質が晶出したりすることである．加熱してやると消えるが，しばらくするとまた出てくる．解決策としては，あらかじめ塩蔵品を90℃で20分くらいブランチング（湯煮）して，すぐ冷却したのち加工に移ればよい．すなわち，イヌリンの放出と脱塩をはかるのである．

1.3.2 主要野菜・果実以外の原料

上記以外にも，副原料とでもいうべき野菜や，国内の2～3カ所のみでつくられている野菜・果実の漬物がある．これらを名前だけ示しておく．

福神漬は漬物会社「酒悦」の開発で，不忍池の弁財天にあやかって7種の野菜を混ぜている．主要野菜以外ではナタマメ，レンコン，赤シソの葉の3種が使われている．

他には，シソの実，青トウガラシ，タケノコ，ピーマン，赤，橙，黄色のパプリカ，セリ，ミョウガ，ナガイモ，チョロギ，ニガウリ，ズッキーニ，ヤマクラゲ，エダマメ，オクラ，ニラ，食用ギク，セロリ，ニンジン，ヤーコンなどの野菜，スモモ，摘果メロン，青トマトなどの果実がある．ヒョウタンの粕漬，クレソンの醤油漬なども存在する．

◀ 1.4 漬物用資材 ▶

漬物製造には加工資材と包装資材が必要になる．加工資材は調味資材，美化資材，防腐資材に分けられ，それぞれの目的別の成分，コストなどを熟知しておく必要がある．

1.4.1 味覚資材

味覚資材は調味漬物の味の基礎をつくるもので，醤油，酸分解アミノ酸液，魚

醤，味噌がこれにあたる．醤油漬，福神漬はとくに醤油および酸分解アミノ酸液を使ってうま味を出すので，含窒素成分が重要である．それに加えて色調，色の明るさが保てるかも考慮に入れることになる．

味噌は味噌漬の主要資材であるが，それだけでつくった味噌漬はほとんどなく，多くは味噌を主体に酸分解アミノ酸液，うま味調味料を配合した床を使う．また出荷時の化粧味噌には，甘さが強く食塩含量の少ない江戸味噌や塩分5％の金山寺味噌を使うことがある．

魚醤は在来の漬物にはあまり使われなかったが，キムチの生産増に伴ってカツオ，サケ，ホッケなどが原料のものが使われるようになっている．これらは，東南アジア産のパティス，ニョクマムのもつ独特の臭気を抑えてつくられたものである．

呈味資材では，うま味調味料（グルタミン酸ナトリウム，グル曹）が野菜の色調保持に有効で，浅漬，菜漬などで使われるが，多用するとグル曹味が強く出て嫌われることがある．天然調味料は戦後，非常に多くのものが開発されたが，基本的には動物性たんぱく質を分解したHAP（hydrolized animal protein），植物性たんぱく質を分解したHVP（hydrolized vegitable protein）の2種を基本として，これに各種エキスなどを加えることでコク味増強効果を上げられるとされている．しかし現在では非常に多様化しているので，代表としてかつおぶし，カツオ抽出型調味料の2種を挙げておくにとどめる．

1.4.2　甘味資材

福神漬，甘酢ラッキョウ，甘酢生姜，べったら漬，たくあんなどに使われる．砂糖，液糖が主なものであるが，漬物の褐変，浸透圧による野菜の脱水による縮み，微生物による発酵変敗をもたらすおそれがあるので，以前はサッカリンに，現在はステビア，アセスルファムカリウム，スクラロース，羅漢果などに置き替えることも多い．また糖アルコールのソルビットは保湿性で，漬物の外見維持に役立っている．

1.4.3　酸味資材

有機酸のうち，食酢，酢酸，乳酸は味をまとめる効果，クエン酸，リンゴ酸は

清涼感を出す効果があり，併用される．また食酢，酢酸は防腐のためにも用いられる．酸味資材は，調味漬，たくあんでは0.2%，酢漬では0.8〜1.0%を使うのが一般的である．

1.4.4 美化資材

かつては合成着色料がよく使われたが，漬物のJAS規格で合成着色料がリストから外れてからは天然着色料が使われるようになった．しかし，天然着色量は退色・変色が早いという問題がある．

変色を抑える酸化防止剤としてはビタミンCが多用される．レモンなどの果汁を添加しても効果を示すが，表示することを嫌って使う例は少ない．

最近の漬物では増粘剤，糊料もよく使われる．とくに薬味漬物やキムチでは粘性で美観を保つので，キサンタンガム0.3%がよく使われる．

香料は使用が難しく，現在はシソオイル，ユズオイルの2つが時々使われる程度である．ピクルスには数多くのスパイスが使われているが，この中から日本人の嫌う香りのもとになるスパイスをどうやって避けるかが研究課題になっている．

1.4.5 防腐資材

漬物は加熱殺菌と密封が可能である．冷蔵庫の完備した現在，漬け込み熟成中に微生物が大量増殖することはありえないので，原則として防腐資材の使用は避けたい．しかし業務用石油缶製品などではソルビン酸カリウムの使用を考える配合もあるだろうし，トレー製品，袋詰めして殺菌しないショウガ製品，梅干，梅漬などでは食酢，酢酸，チアミンラウリル硫酸塩などを加えることもある．チアミンラウリル硫酸塩はビタミンB_1製剤であり，微生物抑制効果が期待できる使用量（製造総量の0.02%）ではビタミンB_1由来の独特の臭気が出る．この場合はアルコール0.5〜1%を併用して少量使う．

1.4.6 包装資材

漬物包装資材には，ヒートシール性，ガスバリヤー性，強度が要求される．1種類の素材ですべてを満たすことは困難なので，通常2種あるいは3種のプラスチックフィルムなどを接着剤で貼り合わせる，いわゆるラミネートが行われる．

現在は，最内層にヒートシールしやすいPE（ポリエチレン），OPP（2軸延伸ポリプロピレン・レトルト用），中間層にガスバリヤー性，すなわち酸素を遮断する力の強いPVDC（塩化ビニリデン），PVA（エチレン・ビニルアルコール共重合フィルム＝エバール），最外層に強度と印刷適性のよいNY（ポリアミド＝ナイロン），PET（ポリエチレンテレフタール＝テトロン）を用いることが多い．この他，よく使われるのはNY/PVA/PEやK（塩化ビニリデン）コートNY/PEである．

〔前田安彦〕

2 漬物の健康科学

2.1 現代食生活における漬物の位置付け

　米飯，味噌汁，漬物の3つは，古来より日本人の食生活の基本であった．漬物は，食塩なくしては食事がのどを通らない「塩味国民」の重要なおかずだったのである．しかし現代の食生活では，主菜はいうに及ばず，米飯にも釜飯，チャーハンなど濃厚調味や油脂過剰のものが多くなり，「常在ご馳走」となった「食生活の疲れ」を癒す効果が漬物に求められるようになった．緑・白・黄の3色対比のハクサイ漬，美しい緑色の広島菜漬・新高菜漬，千両・筑陽・小長ナス・泉州水ナス・十全早穫りの5種から選べるナスの調味浅漬などは，「疲れ」を脱して食欲を励起してくれるだろう．古くは菅原通済，大仏次郎，獅子文六といった名士や文人から，最近では日本に本格的フランス料理を輸入定着させた辻静雄，発酵食品のよさを伝道する小泉武夫に至るまで，究極の食事として「漬物で白い飯を喰いたい」と言っているのもうなずける．

　動物実験ではなくヒトを使った大型コホート（集団）研究で健康機能性が証明されているのは，ダイコン，ワサビ，漬菜などのイソチオシアネートと，ニンニク，ラッキョウ，ネギ，ニラなどネギ属植物のスルフェン酸という2つの硫黄化合物である．こういった硫黄化合物を摂取するには野菜を丸ごととるのがよく，漬物は野菜が脱水凝縮されている点で有利である．表2.1にアブラナ科植物のイソチオシアネートの分布，表2.2にネギ属の生成するスルフィドの各基の割合を示す．スルフィドはスルフェン酸由来の化合物である．

　ヒトの腸内細菌は100兆で，そのうち乳酸菌は20兆といわれる．プロバイオティクス食品として注目されている乳酸菌飲料の菌数は100億/100gなのに対し，

表 2.1 アブラナ科植物のイソチオシアネートの分布

辛味成分 (イソチオシアネート)	高菜 カラシ 菜	ハク サイ 広島菜	カブ 野沢菜	京菜 壬生菜	体菜 (杓子菜)	紅菜苔	菜心 パク チョイ	ダイ コン
アリルイソチオシアネート	5	–	–〜±	±	±	±	±	–
sec-ブチルイソチオシアネート	2	±	±	±	±	±	±	–
3-ブテニルイソチオシアネート	3	2〜5	4〜5	5	3〜4	3	2	–
4-ペンテニルイソチオシアネート	2	3〜4	2〜3	2〜3	4	5	4	±
n-ペンチルイソチオシアネート	2	–	–	–	–	–	–	–
3-メチルチオプロピルイソチオシアネート	2	–	–	–	–	–	–	2
4-メチルチオブチルイソチオシアネート	–	–	2〜3	±	±	±	±	–
2-フェネチルイソチオシアネート	2	3	3〜4	2	3〜4	3	3	–
5-メチルチオペンチルイソチオシアネート	±	3	2	±	2	2	4	±
4-メチルチオ-3-ブテニルイソチオシアネート	–	–	–	–	–	–	–	5

5:含有率 50% 以上, 4:同 30〜50%, 3:同 10〜30%, 2:同 0.5〜10%, ±:同 0.5%, –:不検出.

表 2.2 ネギ属より生成するスルフィドの各基の割合 (%, 文献[9] (p.40))

野菜	メチル	プロピル	アリル
ニンニク	21	4	75
タマネギ	4	92	4
ラッキョウ	93	5	2
ネギ	17	75	8
ニラ	91	<1	9
アサツキ	21	75	4
ネギニラ	28	67	5

※アリル:強い抗菌性のチオスルフィネート由来, メチル:抗菌性のチオスルフィネート由来.

発酵漬物では 1000 億/100 g に達する.したがって,やや酸味の出た「ぬかみそ漬」を食べ続けることの効果は大きい.

　他にも健康機能としては,干したくあん,ラッキョウ甘酢漬などに豊富に含まれる食物繊維の消化系機能調節作用,ウメ漬物の抗菌性や疲労回復,キムチのトウガラシ成分カプサイシンの機能性,ショウガのジンゲロールの抗がん性などがある.

　生活習慣病に対する意識が高まるにつれて,サプリメント,健康食品などが

人々の注目を集めるようになってきている．しかし，抽出によって有効成分を得ることが多いサプリメントは，①抽出されて純品に近いので大量摂取が可能であり，ヒトの体がこれまで未経験だった成分量がどう影響するかわかない，②純品に近くなると酸化されたり分解しやすい，などの問題点を残す．また，純粋な物質は変化を受けやすく，生成された酸化物，分解物の安全性について完全に解明されているとはいいがたい．自然な形で様々な有効成分を摂取できる漬物は，日本人の健康を維持してきたという観点からも注目すべきではないだろうか．

種々の健康性，機能性をもちながら，袋詰めの際の加熱処理を除いて熱を加えていないのも特徴である．加熱しない旨味成分を味わう日本食は，魚の刺身と漬物以外にはない． 〔前田安彦〕

2.2 野菜の機能性

2.2.1 野菜の硫黄化合物

a. 硫黄化合物を豊富に蓄積するアブラナ科およびネギ属の植物

高等植物は，土壌中の無機硫酸イオンを効率的な吸収制御の下で細胞内に取り込み，これを亜硫酸イオン，続いて2価硫化物イオンに還元後，含硫アミノ酸であるシステインに変換する（図2.1）．この過程は硫黄同化[1]として知られており，植物がシステインを起点として様々な硫黄化合物をつくり出す上で重要なしくみになっている．

各種硫黄化合物を蓄積する点で際立っているのが，アブラナ科とネギ属の植物である．アブラナ科植物は生育，成熟の過程で根，茎，葉などの植物体にグルコシノレートと呼ばれる硫黄化合物を，またネギ属植物では同様に植物体にγ-グルタミル-S-アルキ（ケニ）ル-L-システインとそのγ-グルタミルトランスペプチダーゼおよびパーオキシダーゼによる代謝産物であるS-アルキ（ケニ）ル-L-システインスルフォキシドを蓄積する．

b. アブラナ科野菜とグルコシノレート

アブラナ科（Brassicaceae）植物は，約350属，3000種以上の一大植物群を形成している．しかし，野菜として日常の調理や加工に利用されるものの大半は，アブラナ科の中でもアブラナ属（*Brassica*），ダイコン属（*Raphanus*），ワサビ属

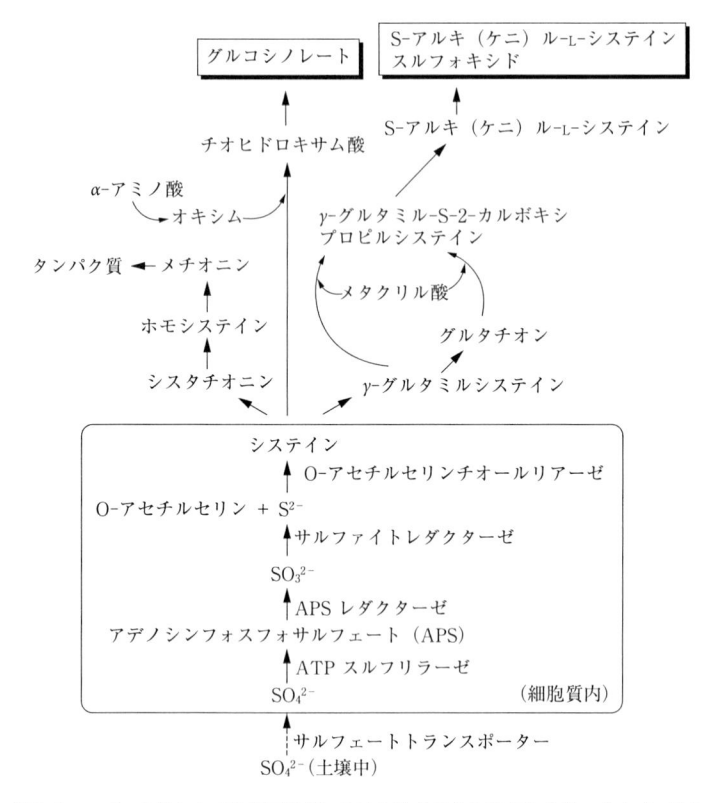

```
                            ┌─────────────┐   ┌──────────────────────┐
                            │ グルコシノレート │   │ S-アルキ（ケニ）ル-L-システイン │
                            └─────────────┘   │      スルフォキシド      │
                                   ↑           └──────────────────────┘
                                   │                    ↑
                           チオヒドロキサム酸        S-アルキ（ケニ）ル-L-システイン
                                   ↑                    ↑
            α-アミノ酸              │     γ-グルタミル-S-2-カルボキシ
              ↘ オキシム ──────→   │        プロピルシステイン
                                   │        ↙         ↖
    タンパク質 ← メチオニン             メタクリル酸
                   ↑                            グルタチオン
               ホモシステイン                       ↑
                   ↑
               シスタチオニン ←──── γ-グルタミルシステイン
    ┌──────────────────────────────────────────────────┐
    │            システイン                                │
    │              ↑ O-アセチルセリンチオールリアーゼ        │
    │    O-アセチルセリン + S²⁻                          │
    │              ↑ サルファイトレダクターゼ              │
    │            SO₃²⁻                                 │
    │              ↑ APS レダクターゼ                     │
    │    アデノシンフォスフォサルフェート（APS）             │
    │              ↑ ATP スルフリラーゼ                   │
    │            SO₄²⁻                    （細胞質内）    │
    └──────────────────────────────────────────────────┘
                   ↑ サルフェートトランスポーター
              SO₄²⁻（土壌中）
```

図2.1 アブラナ科およびネギ属野菜における硫黄同化と硫黄化合物の生合成の流れ

(*Wasabia*) である．これらにホースラディッシュ (*Armoracia*)，クレソン (*Nasturtium*)，ルッコラ (*Eruca*) などが加わる．栽培されるアブラナ属野菜の中では，*B. rapa* に属するハクサイ，カブ，コマツナ，野沢菜，京水菜など，*B. oleracea* に属するキャベツ，カリフラワー，ブロッコリーなど，*B. juncea* に属する黄カラシ菜，山形青菜(セイサイ)，三池高菜などが代表的なものである．それぞれには色調や形，風味が異なる多くの品種がある．

アブラナ科野菜などから発見されたグルコシノレートは，昭和 35（1960）年時点の 30 種類から平成 23（2011）年には 132 種類[2] まで増大した．このうち，日常的に利用されるアブラナ科野菜に見られるものを表 2.3 に示した．これらは，R 基が炭素数 3〜6 個の脂肪族のもの，R 基が芳香族のもの，脂肪族の炭素鎖の末

2.2 野菜の機能性

表2.3 野菜に見られる主なグルコシノレート

R部の化学名	化学構造	慣用名
アリル	$CH_2=CHCH_2-$	シニグリン
3-ブテニル	$CH_2=CHCH_2CH_2-$	グルコナピン
4-ペンテニル	$CH_2=CHCH_2CH_2CH_2-$	グルコブラシカナピン
3-メチルチオプロピル	$CH_3SCH_2CH_2CH_2-$	クルコイベルピリノ
4-メチルチオブチル	$CH_3SCH_2CH_2CH_2CH_2-$	グルコエルシン
4-メチルスルフィニルブチル	$CH_3S(O)CH_2CH_2CH_2CH_2-$	グルコラファニン
4-メチルチオ-3-ブテニル	$CH_3SCH=CHCH_2CH_2-$	グルコラファサチン
4-メチルスルフィニル-3-ブテニル	$CH_3S(O)CH=CHCH_2CH_2-$	グルコラフェニン
2-ヒドロキシ-3-ブテニル	$CH_2=CHCH(OH)CH_2-$	プロゴイトリン
5-メチルチオペンチル	$CH_3SCH_2CH_2CH_2CH_2CH_2-$	グルコバーテロイン
6-メチルチオヘキシル	$CH_3SCH_2CH_2CH_2CH_2CH_2CH_2-$	グルコレスケリン
ベンジル	Ph-CH_2-	グルコトロペオリン
2-フェニルエチル	Ph-CH_2CH_2-	グルコナスターチチン
3-インドリルメチル	(インドール-3-イル)-CH_2-	グルコブラッシシン
1-メトキシ-3-インドリルメチル	(1-メトキシインドール-3-イル)-CH_2-	ネオグルコブラッシシン

端 ω 位にメチルチオ基（CH_3-S-）やメチルスルフィニル基（CH_3-SO-）をもつグルコシノレートの3つに分けられる．多くのアブラナ科野菜類には，このうち10種前後が含まれる．グルコシノレートのR基部分は α-アミノ酸に由来するもので，R基が脂肪族のものでは，バリン，ロイシン，メチオニンなどに，R基が芳香族のものではフェニルアラニン，チロシン，トリプトファンに由来する．

また，ω-メチルチオ基またはω-メチルスルフィニル基をもつものは，メチオニンからその炭素鎖が伸長することによって形成される．いずれも経路の途中でシステインが取り込まれて硫黄化合物であるチオヒドロキサム酸となり，これにグルコースとスルフォン酸基が順次転移してグルコシノレートの生合成が完成する．

c. ネギ属野菜とシステイン誘導体

ネギ科植物（Alliaceae）の約750種がネギ属（genus *Allium*）であり，ネギ属はさらに15亜属に分けられる．最大亜属のネギ亜属（subgenus *Allium*）の中に114種をもつネギ節（section *Allium*）が分類[3]され，ここに世界各地で野菜としての利用頻度も高い，タマネギ（*A. cepa*），ネギ（*A. fistulosum*），ニラ（*A. tuberosum*），ラッキョウ（*A. chinense*），アサツキ（*A. schoenoprasum*），エシャロット（*A. oschaninii*），ニンニク（*A. sativum*）などが含まれる（以下これらをネギ属野菜として扱う）．これらのネギ属野菜は，硫黄同化産物のシステインをγ-グルタミル-S-2-カルボキシプロピル-L-システイン（γ-GCPC）に変換する．γ-GCPCは，カルボキシル基を離脱してS-アリル，S-プロピル，S-プロペニル基を有するγ-グルタミル-L-システイン誘導体に変化後，これらの分子内硫黄原子がパーオキシダーゼによりスルフォキシド化される．さらにグルタミン酸が離脱してS-アルキ（ケニ）ル-L-システインスルフォキシドとなり，植物体の様々な部位に蓄積する．

d. グルコシノレートおよびS-アルキ（ケニ）ル-L-システインスルフォキシドの分解とそれに伴う硫黄化合物の生成

1) グルコシノレートの分解系[4]

グルコシノレートは細胞内の液胞に含まれ，これを分解する酵素ミロシナーゼ（β-チオグルコシダーゼ）は細胞質内で細胞膜にゆるやかに結合して存在する．切断やすりおろしなどの細胞破壊が起こると両者は反応し，グルコシノレートからグルコースが離脱して，チオヒドロキサム酸-O-スルフォン酸と呼ばれる不安定な中間体が生じる．この中間体は，自動的にグルコシノレートのR基に対応するイソチオシアネートや各種のニトリルなどに分解する．これらの分解生成物は後述するように，ミロシナーゼ作用時のpHや鉄イオンの濃度，温度などの条件によって大きく変動することが知られている．ミロシナーゼによるグルコシノレートの分解条件と生成物の関係を図2.2に示す．また，ミロシナーゼは2〜5 mM程

2.2 野菜の機能性

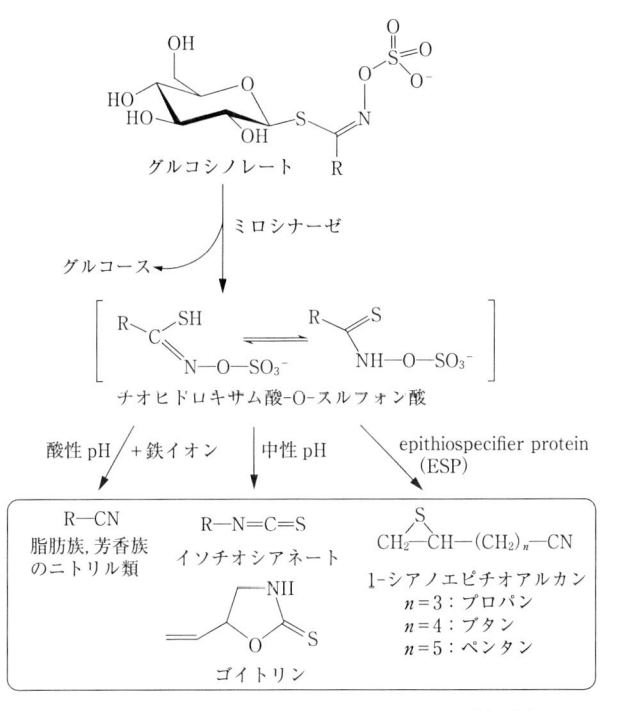

図 2.2 グルコシノレートのミロシナーゼによる分解反応

度の L-アスコルビン酸によって数十倍以上活性化される.これは,アスコルビン酸がミロシナーゼの活性部位の構造を,基質であるグルコシノレートが酵素の活性部位にいっそうフィットするように改変するためである.

アブラナ科の生鮮野菜を包丁で切ったり,塩でもんだり,あるいは軽く乾燥させてしおれ状態にしたりといった細胞破壊処理では pH は 6 前後であり,それ以下の酸性 pH には至らないので,後述の ESP(epithiospecifier protein)と呼ばれるタンパク質の発現量が比較的高い場合を除き,表 2.1 に示すグルコシノレートの R 基の化学構造に応じたイソチオシアネート(R—N=C=S)が主に生成し,ニトリル(R—CN)も少量副生する.しかし,1~数 mM の二価鉄イオンが共存する場合や,ESP の発現量が比較的高い野菜では,イソチオシアネートより各種ニトリルの生成が優勢になることが知られている.近年,ESP とミロシナーゼが協同して ω-アルケニル(アリル,3-ブテニル,4-ペンテニル)グルコシノレート

を分解する場合は，図2.2に示したような1-シアノエピチオアルカン（1-シアノ-2,3-エピチオプロパン，1-シアノ-3,4-エピチオブタン，1-シアノ-4,5-エピチオペンタン）と呼ばれるエピチオニトリルの生成が明らかになった．エピチオニトリルは，アブラナ科野菜をミキサーやジューサーなどで磨砕あるいは塩漬けする際に，グルコシノレート分解産物として高い頻度で検出される．

2) S-アルキ（ケニ）ル-L-システインスルフォキシドの分解系[5]

ネギ属野菜に含まれるS-アルキ（ケニ）ル-L-システインスルフォキシドは，メチイン，アリイン，イソアリイン，プロピインの4種が主なものである．これらはネギ属野菜の鱗茎細胞あるいは葉肉細胞の細胞質に局在するが，分解するアリイナーゼは細胞内液胞中に局在する．その分布はアブラナ科野菜におけるグルコシノレートとミロシナーゼの分布とは逆になっており，野菜をスライスにしたり刻んだりするなどの細胞破壊時には，基質であるS-アルキ（ケニ）ル-L-シス

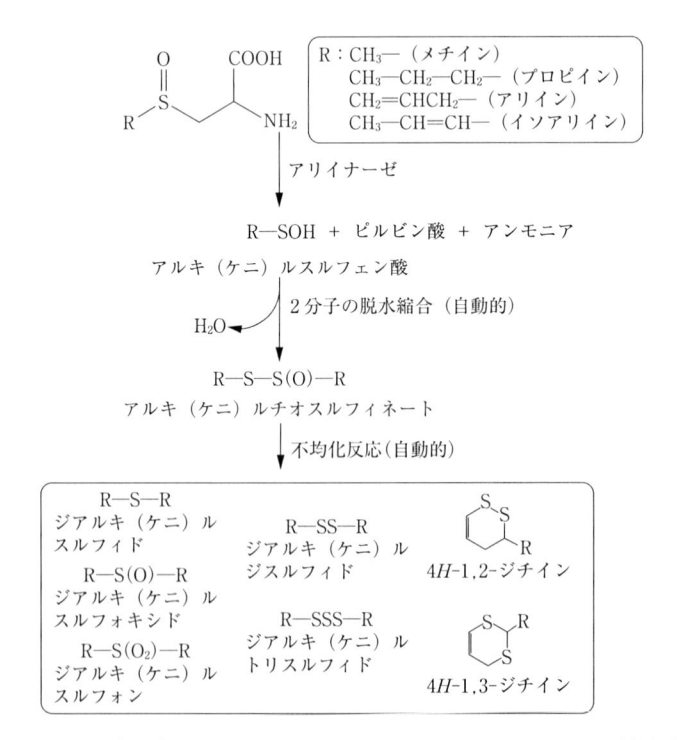

図2.3 S-アルキ（ケニ）ル-L-システインスルホキシドのアリイナーゼによる分解と生成物

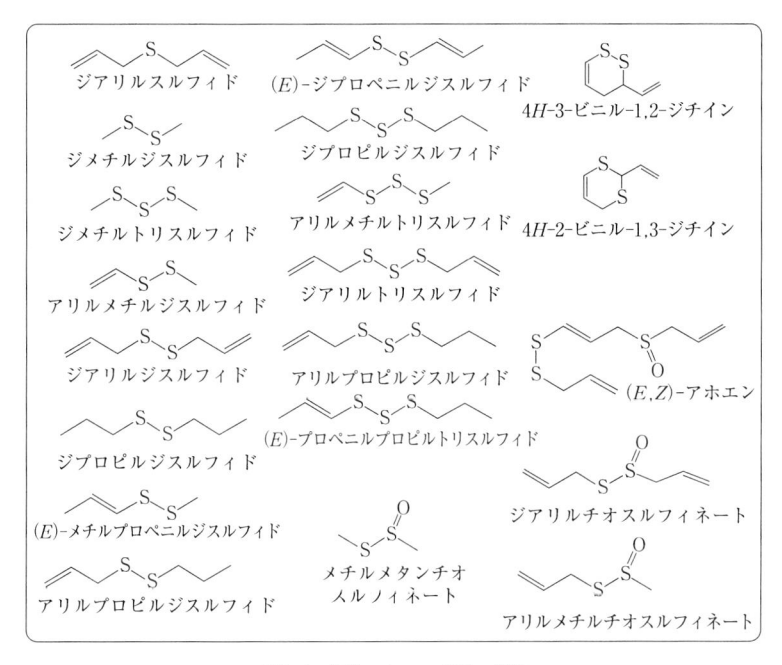

図 2.4 各種スルフィド類の構造

テインスルフォキシドはアリイナーゼによってすみやかに分解される．アリイナーゼによる分解反応では，アリイナーゼのコファクターであるピリドキサール 5′-リン酸が基質とアリイナーゼとの複合シッフ塩基を一時的に形成し，この複合シッフ塩基から S-アルキルまたは S-アルケニルスルフェン酸が切り離されると同時にスルフェン酸脱離後の構造部分が分解して，アンモニアとピルビン酸を生成する．こうして生じた S-アルキ（ケニ）ルスルフェン酸は 2 分子がすぐに非酵素的に脱水縮合し，アルキル基あるいはアルケニル基を有するチオスルフィネートに変化する．チオスルフィネートはさらに不均化反応を経て，ネギ属野菜特有の香りに寄与する様々な R 基をもつ，スルフィド類の形成に至る．この一連の流れを図 2.3 に，また，生成する代表的なスルフィド類を図 2.4 に示す．

3) グルコシノレートおよび S-アルキ（ケニ）ル-L-システインスルフォキシドの腸内細菌による分解[6]

アブラナ科やネギ属の野菜類は，しばしばミロシナーゼあるいはアリイナーゼ

が失活するような加熱調理を経て摂取される．この場合，グルコシノレートやS-アルキ（ケニ）ル-L-システインスルフォキシドの多くは分解されないまま腸管内に至る．近年，*Bacteroides* sp. や *Bifidobacterium* sp. などヒトの腸内細菌がグルコシノレートを分解し，イソチオシアネートあるいはニトリルを生成することが明らかになってきており，腸内細菌がグルコシノレート分解酵素系をもつものと推察されている．またグルコシノレートの腸内分解性に関連して，腸内細菌ももっているスルファターゼによりグルコシノレートから生成するデスルフォグルコシノレートを，腸内細菌がイソチオシアネートとニトリル類に分解する新ルートが報告されている．一方でS-アルキ（ケニ）ル-L-システインスルフォキシドの腸内動態についてはまだ不明な点が多いが，ラットやヒトの腸内細菌がS-アルキ（ケニ）ル-L-システインスルフォキシドを分解し，野菜中と同様にスルフィド類を生成することが最近の研究で認められた．

e. アブラナ科およびネギ属野菜の漬物加工に関連する硫黄化合物

アブラナ科野菜は，ワサビ，クレソン，ルッコラのように香辛食材として使われる場合もあるが，多くは各種の漬物に加工される．一方，ネギ属野菜の多くは薬味材料として，あるいは種々の調理を施されて摂取され，漬物に加工されるものは主にラッキョウとニンニクである．アブラナ科およびネギ属野菜の漬物では，各野菜の硫黄化合物が特有の香りを付与するが，後述の機能性も期待できる．以下では，三大漬菜，ダイコン，ラッキョウの漬物に関連した硫黄化合物について取り上げる．

1） 野沢菜，広島菜および高菜の硫黄化合物の特徴[7]

野沢菜，広島菜，高菜は日本の三大漬菜とされ，漬物にはそれぞれ特徴的な風味がある．そこでは，各漬菜に生成するイソチオシアネートを主体にしたグルコシノレート分解生成物（表2.4）が重要な役割をもっている．野沢菜はカブ菜類であり，主に3-ブテニル，4-ペンテニルおよび2-フェニルエチルイソチオシアネートと4-メチルチオブチルイソチオシアネートが主要成分となっている．とくに4-メチルチオブチルイソチオシアネートは，野沢菜を含むカブ菜の特徴的成分である．広島菜はハクサイ類であり，とくに4-ペンテニルイソチオシアネートが量的にも多く，特徴的な成分となっている．カラシ菜類である高菜では80％以上がアリルイソチオシアネートであり，少量ながら3-メチルチオプロピルイソチオシア

表2.4 野沢菜,広島菜,高菜に生成するグルコシノレート由来成分

グルコシノレート由来揮発性成分	検出の有無		
	野沢菜	広島菜	高菜
アリルシアニド	-	-	+
2-メチルブチルイソチオシアネート	+	+	+
3-ブテニルシアニド	+	+	+
4-ペンテニルシアニド	+	++	-
アリルイソチオシアネート	-	-	++++
アリルチオシアネート	-	-	+
3-ブテニルイソチオシアネート	+++	++	+
4-ペンテニルイソチオシアネート	++	++++	-
3-メチルチオプロピルシアニド	-	-	+
1-シアノ-2,3-エピチオプロパン	-	-	+++
1-シアノ-3,4-エピチオブタン	++	++	-
4-メチルチオブチルシアニド	++	-	-
3-メチルチオプロピルイソチオシアネート	-	-	+
2-フェニルエチルシアニド	++	++	+
5-メチルチオペンチルシアニド	+	±	-
1-シアノ-4,5-エピチオペンタン	+	++	-
4-メチルチオブチルイソチオシアネート	++	-	-
2-フェニルエチルイソチオシアネート	+++	++	++
5-メチルチオペンチルイソチオシアネート	++	+	+

-:無, ±:1%未満, +:1〜10%, ++:11〜30%, +++:30%以上, ++++:50%以上.

ネートを含む点が特徴である.これらのイソチオシアネートは漬菜の浅漬の品質を構成する要因をなしており,冷凍すれば90日後でも貯蔵前の含有量の50%以上が保持されるが,冷蔵では2週間ほどで50%ないしそれ以下まで減少する.一方,漬菜の浅漬では漬け込み初期に上述したエピチオニトリルが生成し,二次的な臭いが発生することもあるが,各種のカブの酢漬加工品や漬け込み前に菜を熱湯で軽く湯通しして漬けた場合は,生成がほとんど抑制される.これは,エピチオニトリルの生成に関わるESPが酢や熱によって容易に失活するためである.

2) **ダイコンの漬物加工に伴う硫黄化合物**[7,8]

ダイコンのグルコシノレートの90%以上は,他の野菜ではほとんど見られない4-メチルチオ-3-ブテニルグルコシノレート(グルコラファサチン,表2.3参照)である.3-メチルチオプロピル,4-メチルチオブチル,5-メチルチオペンチルの各ω-メチルチオアルキルグルコシノレートも少量含まれ,品種によってはグルコラファサチンのスルホキシドである4-メチルスルフィニル-3-ブテニルグルコシ

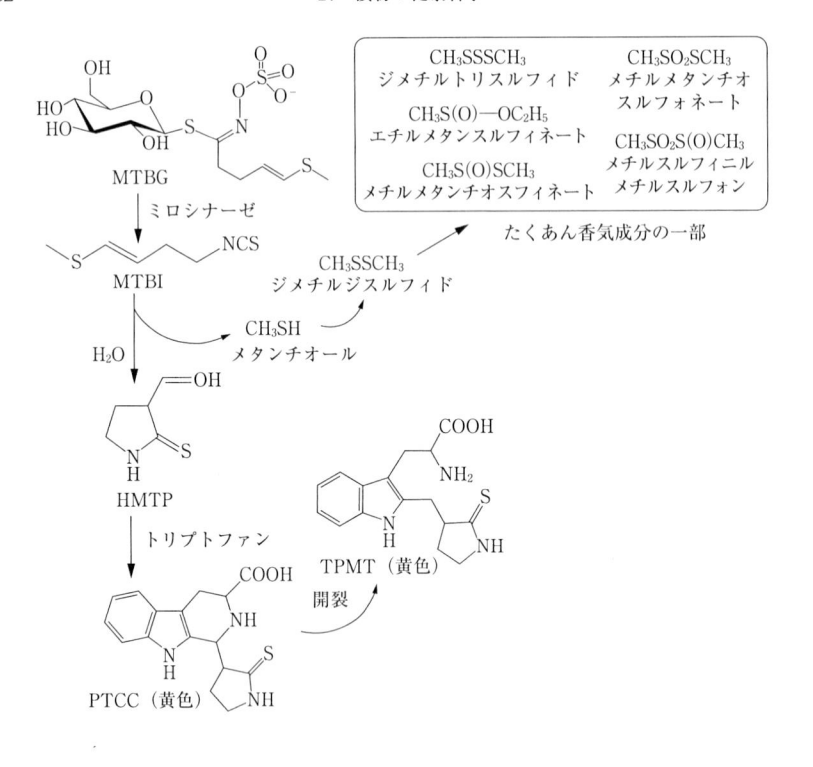

図2.5 ダイコングルコシノレート（MTBG）からたくあんの香気と黄色色素の生成反応

ノレート（グルコラフェニン）も微量ないし少量成分として検出される場合がある．

　グルコラファサチンからミロシナーゼの作用で生成する4-メチルチオ-3-ブテニルイソチオシアネート（MTBI）は，イソチオシアネートの中でも特別に反応性が高く，安定に保持することは極めて困難である．すなわち，たくあん漬や浅漬の製造過程では図2.5に示すように，MTBIは容易に水と反応してメタンチオールを発生しながら無味無臭の3-ヒドロキシメチレンチオキソピロリジン（HMTP）に変化し，特有の辛味は消失する．ダイコンおろしがしだいに辛味を失う理由もここにある．発生したメタンチオールはすぐにジスルフィド類に酸化され，さらにスルフォキシド化などを受けてたくあん特有の香気（図2.5）を形成する．一方，生成したHMTPは漬け込み中に酵母菌がつくり出すトリプトフ

ァンと反応して，鮮やかな黄色の 1-(2′-ピロリジンチオン-3′-イル)-1,2,3,4-テトラヒドロ-β-カルボリン-3-カルボン酸（PTCC）となる．PTCC はさらに β-カルボリン環の開裂反応を経て，鮮黄色の 2-[3-(2-チオキソピロリジン-3-イリデン）メチル]-トリプトファン（TPMT）に変化する．この PTCC や TPMT は，たくあんの黄変色素をなす．

3） ラッキョウ漬の硫黄化合物の特徴

ラッキョウの漬物加工でも，塩漬け工程でアリイナーゼが作用する結果，メチイン，アリインおよびイソアリインを主体とする前駆体が分解し，メチルメタンチオスルフィネート，ジアリルチオスルフィネートおよびジプロペニルチオスルフィネートを経て表 2.5 に示すような硫黄化合物が生成する．R 基の部分にメチル基，アリル基，プロペニル基をもつスルフィド類が主要なもの[9]である点に特徴がある．これらの多くは酢漬け工程でも残存してラッキョウ漬の特有の香りを構成するが，漂白や塩抜き加減によっては大きく減少する．表 2.5 にあるように生鮮ラッキョウの分析例（2010 年，未発表）では，収穫最盛期の 6 月初旬に比べ，6 月末には含硫成分の多くは量的に低下する傾向にあった．

f. アブラナ科およびネギ属の野菜類に見られる硫黄化合物の機能性

アブラナ科やネギ属野菜に含まれる硫黄化合物は，各種臓器のがんや心臓病など生活習慣病の抑制につながる，表 2.6 に示すような生理的機能性をもつことが動物実験や疫学的研究から明らかになっている．以下では，がんの抑制機能，心臓病の抑制機能，血小板凝集の抑制と血栓症の予防機能および抗菌性について取り上げる．

1） がんの抑制機能[10-12]

アブラナ科やネギ属野菜の硫黄化合物ががん抑制に寄与するしくみは多岐にわたるが，以下では疫学的に見た発がんリスクの低減，解毒機能の増強，アポトーシスの誘導に関する知見を中心に述べる．

a） 疫学的に見た発がんリスクの低減　　硫黄化合物の発がんリスクへの影響評価は，動物実験のほか，ヒトを対象にした大規模なコホート研究やケースコントロール研究と呼ばれる疫学的手法により行われる．これまでの疫学的研究によると，アブラナ科野菜の摂取頻度の高い人たちは低い人たちに比べて肺，胃，食道，大腸，直腸などの発がんリスクが低下するとされている．また，ネギ属野菜

表 2.5 ラッキョウの揮発性硫黄化合物の含有量

成分名	化学構造	含有量 ($\mu g/g$)	
		6月初旬	6月末
ジメチルジスルフィド		411 ± 54	555 ± 20
メチルプロピルジスルフィド		195 ± 31	11 ± 6
2,5-ジメチルチオフェン		131 ± 22	30 ± 12
(Z)-メチルプロペニルジスルフィド		902 ± 156	832 ± 116
(E)-メチルプロペニルジスルフィド		102 ± 24	68 ± 5
アリルメチルジスルフィド		1358 ± 266	1148 ± 180
ジメチルトリスルフィド		746 ± 108	736 ± 29
(E,Z)-プロペニルプロピルジスルフィド		104 ± 19	30 ± 7
アリルプロピルジスルフィド		356 ± 71	92 ± 34
(Z)-ジプロペニルジスルフィド		56 ± 12	31 ± 8
(E)-ジプロペニルジスルフィド		9 ± 2	5 ± 1
ジアリルジスルフィド		152 ± 32	75 ± 21
メチルプロピルトリスルフィド		93 ± 37	80 ± 5
4H-1,2-ジチイン		67 ± 17	46 ± 6
アリルメチルトリスルフィド		356 ± 80	8 ± 10
メチルメタンチオスルフィネート		860 ± 215	1331 ± 86
4H-1,3-ジチイン		202 ± 30	410 ± 8
ジメチルテトラスルフィド		49 ± 34	74 ± 10
ジアリルトリスルフィド		65 ± 52	42 ± 11
メチルスルフィニールメチルスルフォン		806 ± 170	625 ± 66

分析サンプルは,2010年6月初旬および6月末収穫の鳥取県産生鮮ラッキョウ.

表 2.6 硫黄化合物に期待される生理的機能性

- **がん抑制**

アブラナ科野菜のイソチオシアネートおよびシアノエピチオアルカン類，ネギ属野菜のスルフィド類など
  - ＊第一相薬物代謝酵素（生体異物活性化系）の阻害
  - ＊第二相薬物代謝酵素（解毒系）の誘導
  - ＊がん細胞のアポトーシス誘導
  - ＊がん細胞の浸潤抑制
  - ＊がん細胞の増殖抑制

- **消化管内感染菌，食品微生物の増殖抑制（抗菌性）**

アブラナ科野菜のイソチオシアネートおよびネギ属野菜のスルフィド類
  - ＊胃内ピロリ菌（*Helicobacter pylori*）の抑制
  - ＊各種食品微生物，腸内感染菌の増殖抑制

- **活性酸素種，ラジカル分子種の消去活性**

ネギ属野菜のスルフィド類
  - ＊スーパーオキシドアニオンラジカルの消去
  - ＊ヒドロキシラジカルの消去

- **心臓病，血栓症など循環器系疾患のリスク低減**

アブラナ科野菜のイソチオシアネートやネギ属野菜のスルフィド類
  - ＊LDH コレステロール，総コレステロールの低減化
  - ＊血小板凝集抑制
  - ＊動脈硬化の予防（抗酸化性機能による）

の場合，ニンニク，タマネギ，エシャロットの摂取頻度の増大が，胃がん，大腸がん，乳がん，前立腺がんのリスクを減少させる効果を示すことが報告されている．

b) 解毒機能の増強 硫黄化合物をはじめ，種々の発がん抑制物質の作用機構の1つに解毒系の増強がある．体内に入った発がん性物質など生体異物の多くは脂溶性であるが，まずシトクロム P-450 酵素（CYPs）によるヒドロキシル化など第一相（phase I）代謝を受けて，親水性かつ DNA 塩基に対して高いアダクト形成能を有する活性物質に変換されるので，生体にとっては DNA の突然変異や発がんの危険性が高まる．そこで，この活性物質はグルタチオン S-トランスフェラーゼ（GST）などの第二相（phase II）解毒系酵素による抱合代謝を受け，最終的にメルカプツール酸として尿中に排泄されて解毒が完成する．このように生体異物は第一相代謝と第二相代謝を経て解毒されるが，イソチオシアネートや

2. 漬物の健康科学

```
┌─────────────────────────────────────────────────────────┐
│  R—N=C=S などの親電子性硫黄化合物                           │
│         │                                               │
│         ▼                                               │
│  細胞質内で GSH と反応し，SH 基低減による酸化ストレスの付与   │
│                                                         │
│       Keap1 の SH 基の修飾                               │
│      HS    SH                                           │
│       (Keap1)                                           │
│       (Keap1)(Nrf2)                                     │
│      HS    SH                                           │
│         │                    核内への移行蓄積             │
│         ▼                         (Nrf2)────▶           │
│      RS    SR                                           │
│       (Keap1)            Nrf2 と小 Maf との              │
│       (Keap1)            ヘテロ二量体形成                 │
│      RS    SR            ○○                            │
│                          ～～～～～                       │
│                          ARE/EpRE                       │
│                                │                        │
│                                ▼ 解毒系酵素の            │
│                                  転写活性化              │
│                          第二相解毒代謝酵素の発現         │
│                                │                        │
│                                ▼                        │
│                          解毒（抱合反応）の進行           │
└─────────────────────────────────────────────────────────┘
```

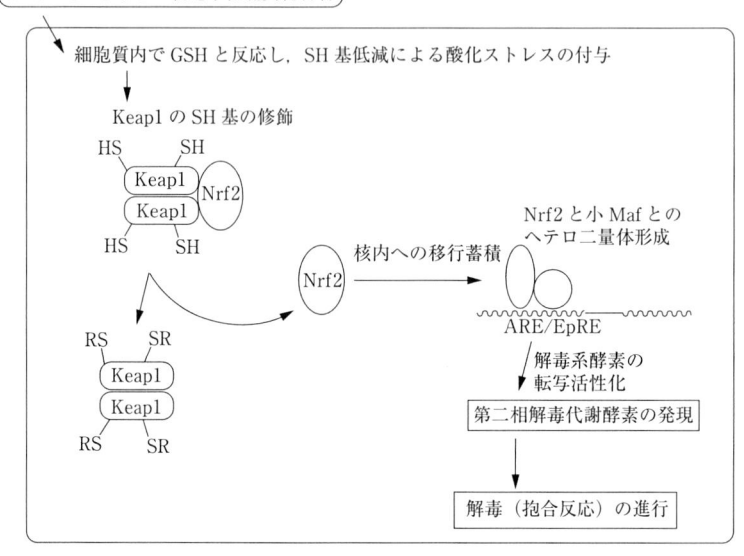

図 2.6 Keap1-Nrf2 システムと第二相代謝酵素の誘導のしくみ

スルフィド類は，第一相代謝酵素である CYPs の阻害による活性化体生成の抑制，あるいは GST など第二相代謝酵素の発現誘導を増強して解毒機能を強めることが知られている．このうち，Keap1-Nrf2 システムと呼ばれる第二相代謝酵素の発現を促すしくみが解明されてきている．図 2.6 に示すように，イソチオシアネートのような親電子性物質，活性酸素種のように酸化ストレスを与える分子が細胞内に入ると，それまで第二相代謝酵素遺伝子の転写因子である Nrf2 を捕捉することにより転写開始を封じていた Keap1 が SH 基の酸化的修飾を受け，Keap1 は Nrf2 の捕捉能を失う．そして放たれた Nrf2 が核内に移行蓄積し，GST など第二相代謝酵素遺伝子の転写スイッチを入れることで，第二相代謝酵素がつくられて解毒が進行するというものである．また Nrf2 の核内移行は，細胞内に入った親電子性物質や活性酸素が Keap1-Nrf2 のユビキチン化およびプロテアソームによる分解系を阻害する結果であるとする報告もある．いずれにせよ，図 2.1 のグルコシノレートに対応するイソチオシアネートやニトリル類，図 2.5 あるいは表 2.6 に示すようなスルフィド類など各種硫黄化合物は，Keap1-Nrf2 システムを活性化する化合物として知られている．

c) アポトーシスの誘導　解毒機構の活性化と並ぶもう1つの重要な発がん抑制のしくみに，がん細胞のアポトーシスの誘導がある．アポトーシスとは，SH基をもつシステインを活性部位に含む，カスパーゼと称される一群のプロテアーゼにより進むプログラムされた細胞死のことで，DNAの断片化を特徴とする．前述した各種イソチオシアネート類，シアノエピチオアルカン類，スルフィド類，チオスルフィネート類は，ヒトの大腸がん細胞（HAT-29，SW-480），胃がん細胞（SGC-7901），前骨髄白血病細胞（HL-60），前立腺細胞（PC-3），肺がん細胞（H1299），乳がん細胞（MDA-MB-231）などのがん細胞においてアポトーシスを誘導する．こういった誘導は様々なストレスによって引き起こされるが，イソチオシアネートによるアポトーシスの誘導例は図2.7のように要約できる．まず，細胞内に入ったイソチオシアネートはグルタチオンやタンパク質のSH基と結合して，細胞内SH基のチオカルバモイル化を誘発する．これが酸化ストレスのシグナルとなって，デスレセプターとそれに対するアダプタータンパク質（FADD）を活性化すると，イニシエーターカスパーゼであるカスパーゼ8が活性化される．カスパーゼ8はカスパーゼ3を直接活性化する一方，アポトーシス制御Bcl-2フ

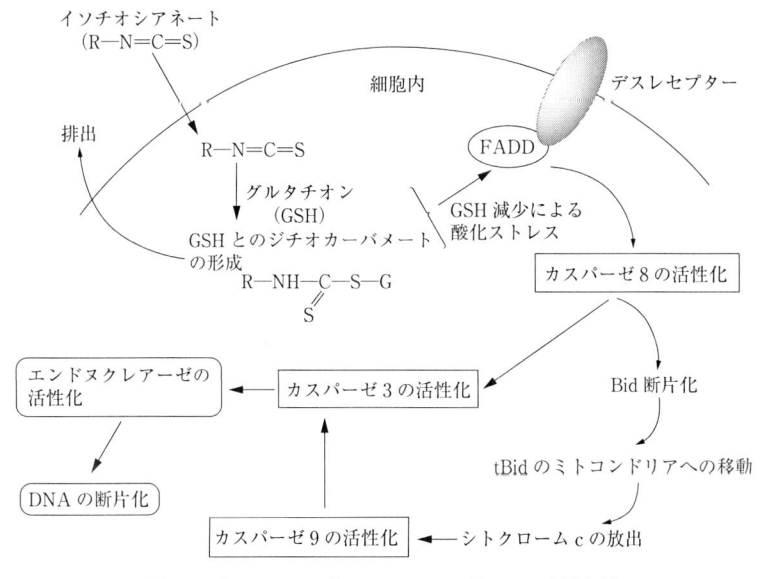

図2.7　イソチオシアネートによるアポトーシス誘導経路

ァミリータンパク質のうちアポトーシス促進性のBidを切断する．切断で生じるtBidがミトコンドリアからシトクロームcを放出させ，これがカスパーゼ9とその活性化因子と結合することにより，活性化されたカスパーゼ9がカスパーゼ3を活性化する．カスパーゼ3はエンドヌクレアーゼを活性化し，DNAの断片化が進行してアポトーシスは完結する．

2) 心臓病の予防機能[13, 14)

狭心症や心筋梗塞など冠動脈疾患の予防では，血中LDLコレステロールと総コレステロールの低下およびHDLコレステロールの増大が重要である．ブロッコリースプラウトに含まれる4-メチルスルフィニルブチルイソチオシアネートは，このような効果をもつ代表的イソチオシアネートである．また心筋梗塞に対しても，アブラナ科野菜（ブロッコリー，カリフラワー，キャベツ，ケール）の摂取頻度が高い人たちは心筋梗塞のリスクが有意に低下することがわかっており，その理由の1つとしてイソチオシアネートによる第二相解毒酵素の活性増大があるとされている．同様の効果は，ネギ属野菜，とくにニンニクの硫黄化合物でよく研究され，S-アリルシステインとそのγ-グルタミルペプチドなどの水溶性硫黄化合物が肝臓におけるコレステロール合成の抑制作用を示し，それによる心臓病予防効果が強く示唆されている．

3) 血小板凝集抑制と血栓予防機能[9, 10)

血管になんらかの損傷が生じるとただちに血小板が凝集するが，そこでは水溶性フィブリノーゲンが不溶性フィブリンとなって沈着し止血する凝固系と，残存フィブリン塊を溶解して血管の回復をもたらす線溶系とがバランスよく働いている．高齢化とともにこの線溶糸の働きは低下し，動脈硬化も進むと血管内皮に損傷が生まれやすくなり，血小板の凝集やフィブリンの固着で血栓を生じやすくなる．血栓は心筋梗塞や脳梗塞を誘発することになるため，その予防上，血小板凝集を抑制する食品成分の摂取が推奨される．そのような食品成分として，図2.8に示すようなワサビのω-メチルスルフィニールアルキルイソチオシアネート，ニンニクのアリルメチルトリスルフィドやアホエン，タマネギに生成するアルキ（ケニ）ルスルフィニールプロピルアルキ（ケニ）ルジスルフィドなどが知られている．これらの硫黄化合物は，血液凝固因子トロンボキサンA2の前駆体であるプロスタグランジンH2の生成を担う，酵素シクロオキシゲナーゼを阻害し，これ

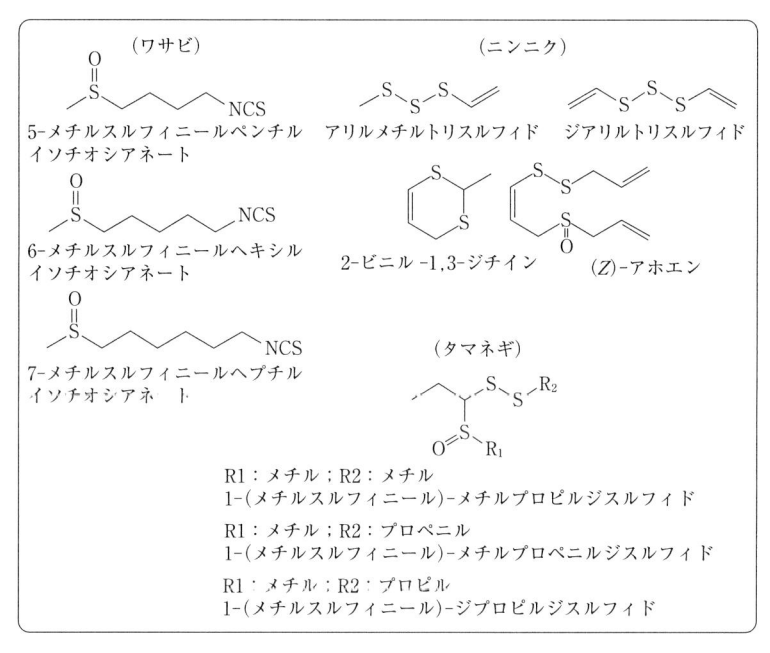

図 2.8 血小板凝集阻害を示す硫黄化合物

による血小板凝集抑制活性を示す．

4) 抗菌性[6, 15)]

イソチオシアネートやスルフィドが，糸状菌，酵母菌，細菌に幅広い抗菌作用を示すことは古くから知られている．イソチオシアネートは，細菌よりも *Aspergillus* 属，*Penicillium* 属，*Rhizopus* 属，*Eurotium* 属，*Cladosporium* 属，*Alternaria* 属など糸状菌に対する抗菌作用が強く，その活性もアリルなどの脂肪族系より芳香族のベンジルあるいは 2-フェニルエチルイソチオシアネートの方が数倍以上強い．またタンパク質の NH_2 基，SH 基あるいは OH 基との高い反応性により，TCA サイクルの各種脱水素酵素群のような呼吸系酵素と結合しその作用を阻害することで抗菌作用を発揮すると考えられている．一方，ネギ属野菜に生成するアリシン，ジアリルスルフィド，ジアリルジスルフィド，アホエンなどのスルフィド類が *Escherichia coli*, *Staphylococcus aureus*, *Bacillus subtilis*, *Clostridium* sp., *Pseudomonas* sp., *Proteus* sp. のような細菌に対して強い抗菌性を示すことが知られている．スルフィド類がもつ抗菌作用のメカニズムについては，増殖に

必要なタンパク質の合成阻害や脂質の合成阻害が顕著に起こることに関係があると見られている．また，ニラやラッキョウに多く生成するメチルメタンチオスルフィネートやアリルメチルチオスルフィネートが腸管出血性大腸菌 O-157：H7 に対する抗菌作用を示すこと，ワサビやブロッコリーの ω-メチルスルフィニルアルキル（ブチル，ヘキシルなど）イソチオシアネートや 2-フェニルエチルイソチオシアネート，ニンニクのジアリルジスルフィド，アリシンなどは *Helicobacter pylori* に対する抗菌作用を示すことが知られている． 〔宇田　靖〕

文　献

1) 斉藤和季他（1999）．化学と生物，**37**，156-163．
2) Agerbirk, N. and Olsen, C. E. (2012). *Phytochemistry*, **77**, 16-45.
3) Hirschegger, P. et al. (2010). *Mol. Phylogen. Evol.*, **54**, 488-497.
4) Bones, A. M. and Rossiter, J. T. (2006). *Phytochemistry*, **67**, 1053-1067.
5) Rose, P. et al. (2005). *Nat. Prod. Rep.*, **22**, 351-368.
6) 宇田　靖（2014）．*New Food Industry*, **56**, 23-34．
7) 前田安彦（2002）．漬物学―その化学と製造技術，幸書房．
8) Matsuoka, H. et al. (2002). *Biosci. Biotechnol. Biochem.*, **66**, 1450-1454.
9) 川岸舜朗（1993）．化学と生物，**31**，741-745．
10) 食品機能性の科学編集委員会（2008）．食品機能性の科学，pp.233-257，267-273，産業技術サービスセンター．
11) Kelleher, M. O. et al. (2009). *Carcinogenesis*, **30**, 1754-1762.
12) Thornalley, P. J. (2002). *Anticancer Drugs*, **13**, 331-338.
13) Yeh, Y. Y. and Liu, L. (2001). *J. Nutr.*, **131**, 989S-993S.
14) Fimognari, G. et al. (2012). *Mutation. Res. Rev.*, **750**, 107-131.
15) Seo, K. I. et al. (2001). *Biosci. Biotechnol. Biochem.*, **65**, 966-968.

2.2.2　ショウガの健康機能性

a．はじめに

　ショウガ（*Zingiber officinale*）はショウガ科（Zingiberaceae）の多年生草本であり，日本のみならずインド，東南アジア，中国，アフリカなど世界各地で栽培されている．もともと原産地は熱帯アジアであり，温暖で多湿な気候を好む．日本では，一般に冬季の低温のため一年生草本として栽培されており，利用されるのは主として塊茎の部分である．香辛料として欠くことのできないものであるが，同時に生薬としてもたいへん重要なものであり，広範囲に用いられている．わが国ではその特有の辛味と香りから，「薬味」，「臭み消し」，「料理のアクセン

ト」として利用されている．また漬物としては，主として酢漬などで利用される．

このようにショウガは，漬物など食材そのものとして，あるいは東南アジアを中心に香辛料として料理に多用されており，欧米ではジンジャーブレッドやジンジャークッキーなどの焼き菓子での利用もある．本項では，ショウガの成分とその化学，さらに成分の健康機能性に関して概説する．

b. 食品としてのショウガとその利用

ショウガの歴史は古く，正倉院文書中に生薑(はじかみ)の文字が，また『延喜式』には薑の産地として遠江，越前などの国名が挙げられている．実際のショウガの渡来はさらに古く，『魏書』の東夷伝倭人の条に，日本にはショウガがある旨の記載があるとされている．ショウガの生産国および輸出国としては，中国の統計はないが実質的な主要国であり，他に主要生産国の1つとしてはインドがある．逆に輸入国としては，英国や米国などが知られている[1]．

ショウガは塊茎を利用しているため，植物として身近に目にすることは少ないかもしれない．本来多年生の草本植物であり，生育好適条件がそろえば長年にわたって生育する．しかし国内では冬季の低温により枯死するため，一年生草本と同じ生育になる．ショウガの植物的な特徴は，塊茎が生育するにつれて塊茎片が次々に分岐して肥大することである．塊茎片から直立する茎は高さ40〜80 cmに達し，2列に配列した葉が8〜12対ほどになる．花序は直接塊茎から生じ，円筒状の花穂をつける．収穫される塊茎重量は，大ショウガで800〜1000 g，中ショウガで500〜800 g，小ショウガで300〜500 gである．

表2.7に塊茎の形状，大きさによる分類と主要品種，用途を示した[1]．ショウガの分類は塊茎の形状および大きさによって大別されるが，産地や栽培条件などにより生育が異なるために多少の差異が生じる．主要な用途は，生食用，漬物用，

表2.7 ショウガの主要品種と用途（文献[1]を改変）

品種群	品種	主要な用途
小ショウガ	在来，まだれ，三州赤，三州白，金時ほか	根ショウガ，種ショウガ，葉ショウガ，筆ショウガ，漬物，煮食用，香料など
中ショウガ	房州，中太，らくだほか	根ショウガ，種ショウガ，漬物，煮食用，菓子，香料，香水，医薬など
大ショウガ	インド，近江，おたふくほか	根ショウガ，種ショウガ，漬物，煮食用，菓子，香料，香水，医薬など

薬用および工業用である.

　ショウガは収穫方法により，根ショウガ，葉ショウガ，軟化ショウガなどの呼び方をされる．根ショウガは秋に収穫してすぐに出荷される新ショウガと，新ショウガについている前年の種ショウガ（ヒネショウガ）に分けることができる．葉ショウガとしては谷中ショウガ，軟化ショウガとしては筆ショウガなどが知られている[1,2]．一般的には小型種の'金時'などは辛味が強く，大型種は辛味が弱いとされている[3]．生食用には，主として根ショウガ，葉ショウガが用いられている．

c. 「ショウキョウ」と「カンキョウ」—生薬としての利用

　ショウガの生薬としての利用についても長い歴史があり，中国の生薬の書である『神農本草経』にも収録されている．日本薬局方においてはショウガの根茎を「ショウキョウ；生姜」と読んでおり，通常は保存性の向上のために乾燥されているため，「カンショウキョウ；乾生姜」という言い方もある．また新鮮根茎を蒸した後に乾燥したものは「カンキョウ；乾姜」と呼ばれている．これに対して中国では，生ショウガ根茎を「ショウキョウ」といい，日本ではショウキョウにあたる生根茎を乾燥したものを「カンキョウ」と呼んでいる（表2.8）．カンキョウは辛味が強いことから妊婦の服用は避ける，といった伝承もある[3]．

　日本薬局方における「ショウキョウ」は，漢方処方薬として健胃薬，鎮吐薬などにみなされる処方に配剤され，矯味料，芳香健胃料として活用されている．また「カンキョウ」は，解熱，鎮痛，鎮咳，抗炎症作用などの目的に利用される．一方中国においての「ショウキョウ」は，鎮嘔，去痰，鎮咳，解熱，解毒，消化器系の機能亢進などの目的に用いられる．このように日本の漢方医学と中医学ではショウガの名称や用法が異なるが，その科学的証明は不十分である．

d. ショウガに含まれる成分—ジンゲロールならびに類縁体の化学と辛味

　ショウガの根茎は精油成分約1〜3%を含んでいる．その主成分はセスキテルペ

表2.8　ショウキョウ（生姜）とカンキョウ（乾姜）

日本	生姜：乾燥根茎（乾生姜） 乾姜：生根茎を蒸した後に乾燥したもの
中国	生姜：生根茎（ひねしょうが） 乾姜：乾燥根茎（日本の「生姜」に相当）

ンであるジンギベレン (zingiberene) であり，30%程度を占める．その他にも，β-セスキフェランドレン (β-sesquiphellandrene)，クルクメン (curcumene)，カンフェン (camphene)，シネオール (cineole)，リナロール (linalool)，シトラール (citral) などが知られている（図 2.9）.

主な辛味成分はジンゲロールで，6-ジンゲロール（6G），8-ジンゲロール，10-

α-ジンギベレン　　β-セスキフェランドレン　　ar-クルクメン

カンフェン　　1,8-シネオール　　シトラール（neral）

リナロール

図 2.9　ショウガに含まれる精油成分

$n=4$：6-ジンゲロール
$=6$：8-ジンゲロール
$=8$：10-ジンゲロール

$n=4$：6-ショウガオール
$=6$：8-ショウガオール

6-パラドール　　ジンゲロン

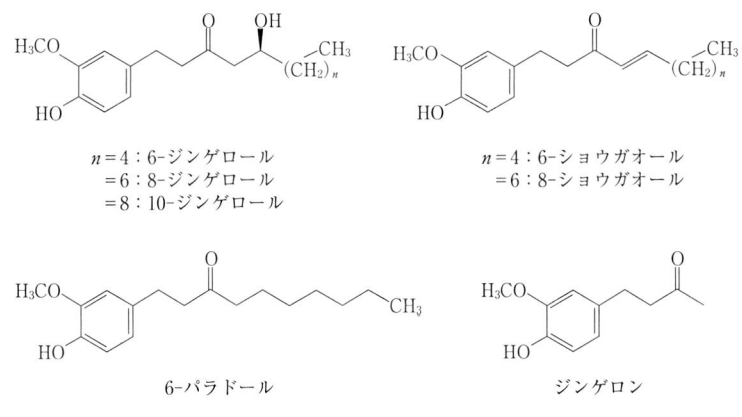

図 2.10　ショウガに含まれる辛味成分

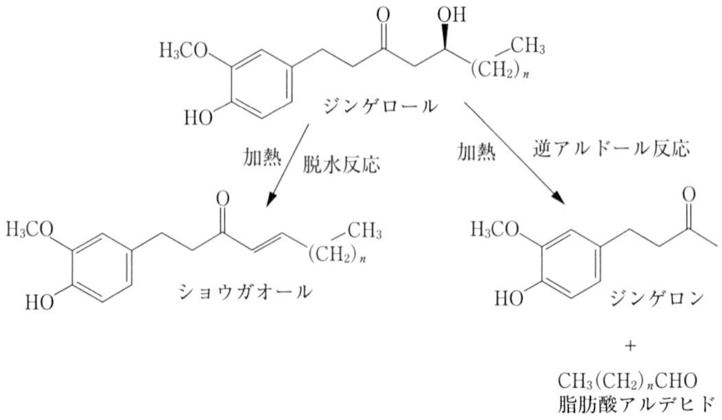

図 2.11　ショウガ辛味成分の化学変換（文献[4] より改変）

ジンゲロールを含む．その他に，6-パラドール，6-ショウガオール（6S），8-ショウガオールといった成分も辛味を示す（図 2.10）．図 2.11 にショウガ辛味成分の変化の概略を示す．ショウガオールはジンゲロールが脱水したもので，加熱，乾燥や精油の長期保存により生成する二次的生成物と考えられる．ジンゲロンも同様にジンゲロールの二次的生成物で，逆アルドール反応によりジンゲロールからジンゲロンと脂肪酸アルデヒドが生じる．こういった成分の中では 6S が最も強い辛味を示し，側鎖の炭素数が増加すると辛味が低下する．辛さの程度としては，ショウガオールはジンゲロールの 2 倍の辛味強度を有する．ジンゲロンも辛味を示すものの，その程度は弱い[4]．

e. ショウガ成分の健康機能

表 2.9 に，これまでに知られているジンゲロールはかショウガ成分の薬理効果

表 2.9　ショウガ成分の主な薬理効果

中枢神経抑制作用
抗炎症作用
鎮痛作用
胃粘膜保護作用
小腸内輸送促進作用
抗セロトニン作用
強心作用
ヒスタミン遊離抑制作用

を示す．ショウガ成分の機能として従来よく知られているものは，中枢神経抑制作用，抗炎症作用や鎮痛作用，胃粘膜保護作用などである．食品機能の立場からも種々の健康機能が明らかにされているので，最近の研究動向を示すことにする．

1) がん予防効果

がん予防効果については多くの食品素材で見出されているが，その中でもショウガ中の成分では 6G について多くの研究が行われている．6G は発がんプロモーション抑制に関与しているが，これまでに報告のあった分子標的あるいは作用として，NF-κB や AP-1 活性の阻害，TNF-α の産生抑制，シクロオキシゲナーゼ-2，誘導型 NO 合成酵素の発現抑制などが明らかにされている[5]．なお，興味ある研究として，6G に血管新生抑制作用が見出されており[6]，がん予防，治療の食品因子の新たな標的として期待されている．またジンゲロールの誘導体ではないが，ニガショウガに含まれるセスキテルペノイドであるゼルンボン（zerumbone）は，強力な発がんプロモーション抑制作用を示すことが明らかにされている[7]．

2) エネルギー消費の促進

ショウガの食事誘導性熱産生作用についての最近の研究例として，ジンゲロンとジンゲロールの食餌への添加が，ラットにおいて著明な酸素消費量の上昇と有意な呼吸商の低下を引き起こすことが明らかにされている[8]．このことは脂肪の燃焼を促進し，エネルギー消費を高めていることを示唆している．

エネルギー消費に関わる食品因子としてはトウガラシに含まれるカプサイシンが有名であるが，そのカプサイシンにより活性化される受容体として TRPV1（transient receptor potential vanilloid subtype 1）が知られている．ショウガ辛味成分では，ジンゲロール類，ショウガオール類のいずれも比較的活性の高い TRPV1 アゴニストであることが明らかにされている[9]．またカプサイシンと同様にジンゲロール類，ショウガオール類はいずれもアドレナリンの分泌を亢進することも明らかになっている．

3) 脂肪細胞の機能に対する作用

6G については，マウス繊維芽細胞 3T3-L1 において脂肪細胞への分化を促進し，インスリン刺激によるグルコースの取り込みを促進することが報告されている[10]．

一方，ショウガ辛味成分の新規な生理機能として，インスリン感受性を高める

アディポサイトカインとして重要な「アディポネクチン」の発現低下抑制作用とその作用メカニズムが明らかにされているので紹介したい[11]. 成熟脂肪細胞を用い，脂肪細胞の炎症性変化とこれに伴うインスリン抵抗性のモデル系として，脂肪細胞の炎症に関わる炎症性サイトカインのTNF-αによるアディポネクチン発現低下とその抑制に関わる食品因子を評価できるシステムが作成されている[11-13]. この評価法を活用して種々の食品因子を検討したところ，ショウガ辛味成分の6Gと6Sに抑制作用が見出された（図2.12）．興味深いことに，6Gと6Sよりも側鎖が長いジンゲロール誘導体，ショウガオール誘導体，さらに側鎖が短いジンゲロンでは，いずれの場合もその活性は低下する．ここでその作用メカニズムとして想定されるのは，（ア）：アディポネクチンはリガンド応答性の核内受容体型の転写因子PPARγ (peroxisome proliferators-activated receptorγ) により発現制御されており，PPARγのリガンドとして作用し，アディポネクチンの発現を上昇させる．（イ）：TNF-αによるMAPキナーゼをはじめとする種々のシグナル伝達に関わる分子の活性化がアディポネクチンの発現に関与し，この阻害が作用の発現に関与する，という2パターンである．実際のところ，6Gと6Sは類似の化学構造，活性ながら，それぞれが異なる作用メカニズムで効果を示す，ということが明らかになっている．すなわち，6SはPPARγリガンドとして作用し（図2.12），PPARγの標的遺伝子であるアディポネクチン，脂肪酸結合タンパク質4（FBP4）

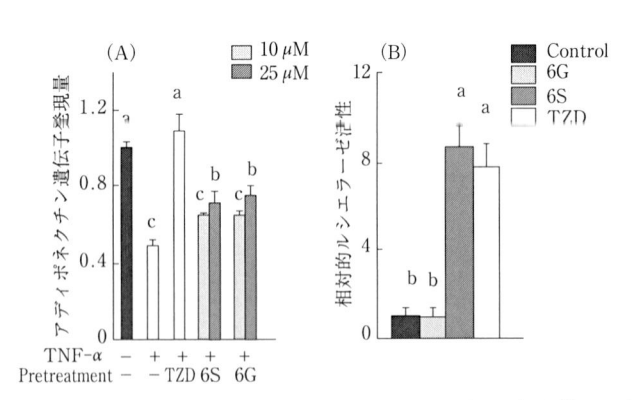

図2.12 ショウガ辛味成分のアディポネクチン発現低下抑制作用（文献[11]より改変）
(A)：ショウガ成分によるアディポネクチンの遺伝子発現低下抑制作用．(B)：ショウガ成分のPPARγリガンド活性．グラフ上に記載された異なる英小文字は，互いに有意差（$P<0.05$）があることを示す．TZD：トログリタゾン（陽性コントロール）．

2.2 野菜の機能性

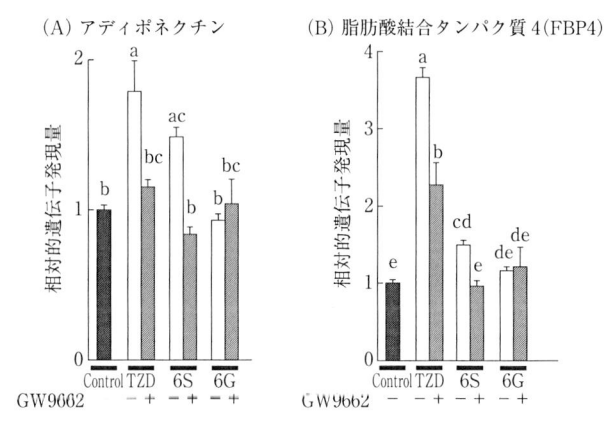

図 2.13 成熟脂肪細胞（3T3-L1）へショウガ辛味成分を投与したときの，アディポネクチンおよび脂肪酸結合タンパク質4（FBP4）の遺伝子発現レベル（文献[11]より改変）
(A)：アディポネクチンの遺伝子発現レベル．(B)：FBP4の遺伝子発現レベル．グラフ上に記載された異なる英小文字は，互いに有意差（$P<0.05$）があることを示す．TZD：トログリタゾン（陽性コントロール）．

の遺伝子発現は6Sの投与により上昇するが，この発現上昇はPPARγアンタゴニスト（GW9662）の前処理により消失する．一方6Gは，PPARγリガンドとしては作用せず，6Gの投与はPPARγ標的遺伝子発現に影響を与えない（図2.13）．さらに成熟脂肪細胞では，TNF-α刺激により種々のMAPキナーゼは活性化されるが，この中でJNK経路の関与と経路の活性化の抑制がアディポネクチンの発現低下抑制に関わっており，このJNK経路を阻害することから6Gの作用メカニズムが説明できる[11]（図2.14）．以上の結果から，6SはPPARγのリガンドとして作用することによりアディポネクチンの発現低下を抑制するが，6Gは6Sと異なり，JNKの活性化阻害により同等の効果を示すと結論づけられている．

以上の結果をもとに，ショウガ辛味成分の脂肪細胞機能の制御，糖尿病予防への活用戦略を考えてみよう．6Sがアディポネクチンの発現量自体を上昇させるなら，アディポネクチンの発現が低い体質の場合（遺伝子多型の解析から日本人には低アディポネクチン血症の人が比較的多いとされている），アディポネクチンを増やす予防的な食品，サプリメントとして利用できる．一方6Gは，単独ではアディポネクチンの発現を変化させない．しかしTNF-αによるアディポネクチン発現の低下が抑制できるのなら，肥満，脂肪組織の炎症性変化からアディポネクチンの発現低下を起こしつつある段階（あるいは起こす前段階）の脂肪組織にお

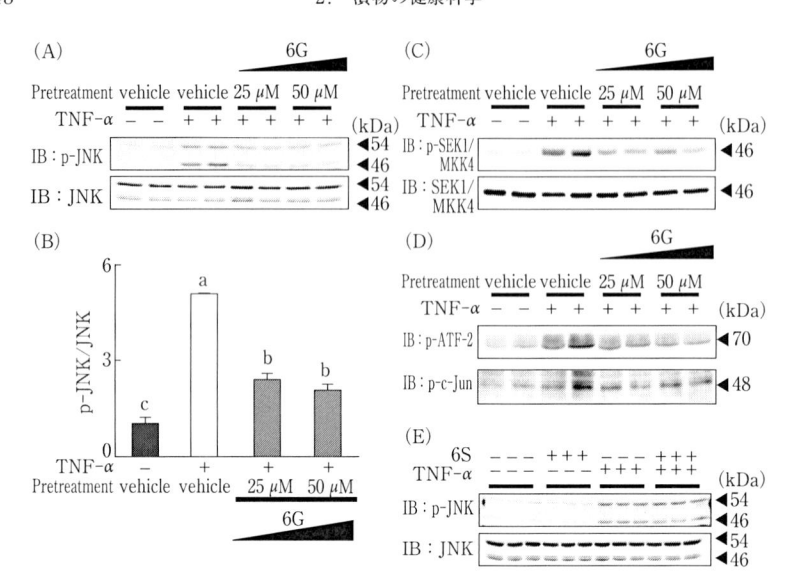

図 2.14 成熟脂肪細胞 (3T3-L1) における，TNF-α 刺激による MAP キナーゼシグナリングの変動とショウガ辛味成分の作用（文献[11]より改変）
(A), (B)：6G による JNK のリン酸化阻害，(C)：6G による JNK の上流キナーゼ (SEK1/MKK4) のリン酸化阻害，(D)：6G による JNK の下流因子 (ATF-2, c-Jun) のリン酸化阻害，(E)：6S の投与と JNK リン酸化．グラフ上に記載された異なる英小文字は，互いに有意差 ($P<0.05$) があることを示す．

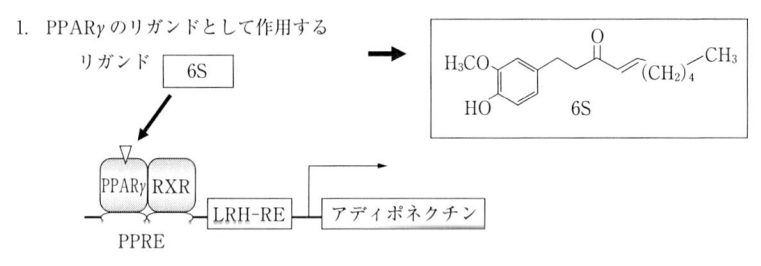

1. PPARγ のリガンドとして作用する

2. TNF-α による MAP キナーゼ経路 (JNK 経路) の活性化阻害によりアディポネクチンの遺伝子発現低下が抑制される

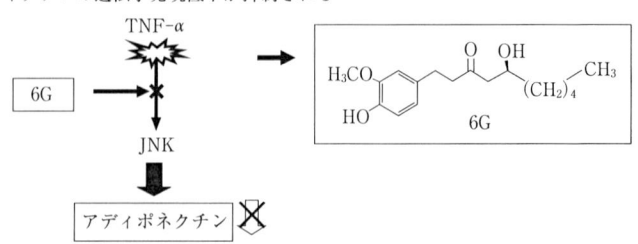

図 2.15 6S と 6G のアディポネクチン発現低下抑制作用のメカニズム比較と活用戦略

いて，この低下を抑制できる食品，サプリメントもしくは代替医療の有効な手段としての利用が想定できる（図2.15）．こういった利用法を実現する上ではまだエビデンスが不足しているのはいうまでもないが，育種の段階からそれぞれの成分をより多く含むショウガをつくることも重要になるであろう．また同様の機能をもちながらも，辛味の少ない（あるいは全くない）構造をもつ化合物や，それを含む食品素材の探索，育種にも発展できるものと考えられる．

f. おわりに

本項では，ショウガの植物・食品素材としての基本的事項から食品としてのショウガの重要性，ショウガに含まれる成分とその利用，健康機能について概説した．ショウガは独特な辛味と香味をもち，香辛料として，あるいは食品素材そのものとしても重要である．またショウガの生理機能研究から，その機能を訴求した多くの食品の創製が期待できる．科学的なエビデンスが必要なことはいうまでもないが，健康機能をもっとアピールできる余地は十分にある．

漬物という点からショウガを考えた場合，どのようなアプローチが想定できるだろうか．例えば，漬物にするということでショウガの健康機能を高めることが考えられる．具体的には，製造工程で有効成分を増やすことが可能になると，漬物の重要性が増すことになる．栽培面から考えた場合，ショウガオールやジンゲロールをもっと多く含むようなショウガの育種が可能になると原材料の選択が広がる．ただし，ショウガのさわやかな香味には抵抗がなくても，辛味自体は好ま

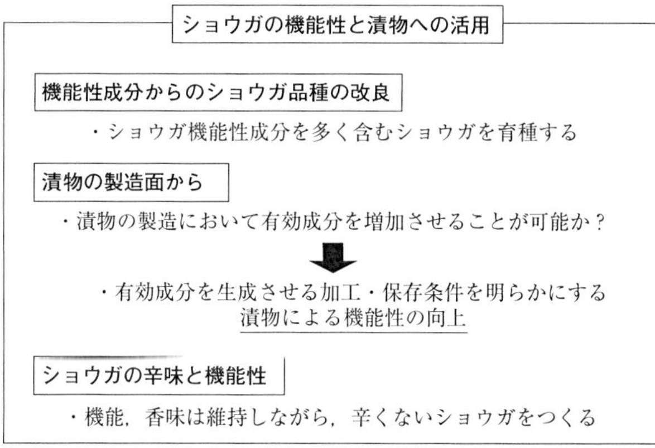

図2.16 ショウガの機能性と漬物への活用

ない消費者もいる．そのため健康機能は維持した上で，辛くないショウガをつくることができれば問題解決になるだろう（図 2.16）．

ショウガの健康機能にはジンゲロール，ショウガオールをはじめとする辛味成分が関わるが，それ以外の成分にも健康機能を有するものがあり，その機能によっては比較的低濃度でも効果を示すと考えられる．ショウガ成分（健康機能成分）の活用のために，辛味成分に限定せず特定の成分を豊富に含むショウガの育種や，あるいはジンゲロールなどの構造と機能の相関をもとにした，辛味がなくても健康機能を有する化合物の探索など，研究の幅は広がっている．このようにショウガの機能を意識した上での漬物への活用は，大きな可能性をもつと考えられる．

〔津田孝範〕

文　献

1) 農文協編（2004）．野菜園芸大百科第 2 版第 11 巻　ニンジン・ゴボウ・ショウガ，pp.291-292, 農山漁村文化協会．
2) 小学館（1995）．食材図典，p.326, 小学館．
3) 北川　勲・吉川雅之編（2005）．食品薬学ハンドブック，pp.122-124, 講談社サイエンティフィク．
4) 福場博保・小林彰夫編（1991）．調味料・香辛料の辞典，pp.437-440, 朝倉書店．
5) Aggarwal, B. B. and Shishodia, S. (2006). *Biochem. Pharmacol.*, **71**, 1397-1421.
6) Kim, E. C. *et al.* (2005). *Biochem. Biophys. Res. Commun.*, **335**, 300-308.
7) Murakami, A. *et al.* (2002), *Carcinogenesis*, **23**, 795-802.
8) 石見百江他（2003）．日本栄養・食糧学会誌，**56**, 159-165.
9) Iwasaki, Y. *et al.* (2006). *Nutr. Neurosci.*, **9**, 169-178.
10) Sekiya, K. *et al.* (2004). *Biofactors*, **22**, 153-156.
11) Isa, Y. *et al.* (2008). *Biochem. Biophys. Res. Commun.*, **373**, 429-434.
12) Ikeda, R. *et al.* (2011). *Biochim. Biophys. Acta*, **1810**, 695-703.
13) Yanagisawa, M. *et al.* (2012). *Mol. Nutr. Food Res.*, **56**, 1783-1793.

2.2.3　プロバイオティクスとしての漬物

a.　プロバイオティクス

プロバイオティクス（probiotics）は「共生」を意味するプロバイオシス（probiosis）を語源としてできた用語で，アンチバイオティクス（antibiotics：抗生物質）に対比される概念として生まれた．アンチバイオティクスが病気になった後の治療段階で病原菌などの有害微生物を死滅，減少させるのに用いられるのに対し，プロバイオティクスは普段の生活の中で体によい細菌を積極的に増やし，健康な体を維持する考えから生まれた概念である．

2.2 野菜の機能性

プロバイオティクスの概念としては，1989年に英国の微生物学者Fullerが提唱した「腸内フローラ（腸内細菌叢）のバランスを改善することによりヒトに有益な作用をもたらす生きた微生物」という定義が広く受け入れられている．腸内フローラとは消化管内に生息している微生物群のことをいい，ヒトでは約100種類，100兆個の腸内細菌によって構成されている．乳酸菌やビフィズス菌などの有用微生物をプロバイオティクスとして摂取することにより，腸内フローラのバランスが改善されるとともに有害微生物が抑制され，健康を維持する上で有効な腸内環境がもたらされる．また，乳酸菌などの有用微生物に加えてそれらの微生物を含む食品（発酵野菜や発酵乳）もプロバイオティクスと呼ぶ場合がある．ぬかみそ漬，キムチ，すぐき漬，赤カブ漬，すんきなどの発酵漬物は，酸に強く胃を通

表2.10 プロバイオティクスとして利用されている微生物と主な機能

微生物名	主な機能	食品
Lactobacillus delbrueckii subsp. *bulgaricus*	整腸作用や腸内の有害物質の生成抑制	乳製品
L. acidophilus	整腸作用	乳製品
L. gasseri	ピロリ菌を抑制，小腸に滞留	乳製品
L. casei	便秘・下痢解消，免疫力向上，発がん性物質の生成抑制	乳製品
L. plantarum	整腸作用	ぬかみそ漬，すぐき漬，しば漬，キムチ，サワークラウト
L. brevis	整腸作用，免疫賦活作用	すぐき漬，しば漬，キムチ，サワークラウト
L. reuteri	抗菌物質ロイテリン生成，多機能	乳製品
L. rhamnosus	整腸作用，発がん性物質の生成抑制	乳製品
Enterococcus faecalis	C型肝炎治療，抗がん作用，抗がん剤の副作用軽減	乳製品
Pediococcus pentosaceus	抗アレルギー効果	すんき
Bifidobacterium longum	抗アレルギー効果	乳製品
B. animals subsp. *lacti*	整腸作用，アトピー性皮膚炎軽減	乳製品
B. bifidum	整腸作用，便秘解消	乳製品
B. infantis	整腸作用，便秘解消	乳製品
Bacillus natto	整腸作用，便秘解消	納豆
Clostridium butyricum	整腸作用，乳酸菌増殖促進	

過して腸まで届く，いわゆる植物性乳酸菌を豊富に含んでいることから，プロバイオティクス食品の1つといえる．

プロバイオティクスがもっている有用性としては，便秘を抑え便通をよくする，腸内の有用微生物（いわゆる善玉菌）を増やし有害微生物（いわゆる悪玉菌）を減少させる，腸内環境を改善するなどの整腸作用や，腸内の感染予防，免疫力を高める作用などを挙げることができる．したがって，乳酸菌に代表されるプロバイオティクスを摂食することで腸の健康を維持するとともに，免疫力など体全体の健康維持をはかることができると考えられている．表2.10にプロバイオティクスとして利用されている微生物を示したが，多くは発酵乳などの乳製品に関連の深い *Lactobacillus* 属菌（乳酸桿菌）や *Bifidobacterium* 属菌（ビフィズス菌）である．また発酵乳関連の乳酸菌以外にも，漬物に多く含まれる *Lactobacillus plantarum* や *Lactobacillus brevis* などのいわゆる植物性乳酸菌や，納豆の製造に欠かせない *Bacillus natto*，酪酸菌なども整腸作用や便通改善作用をもつことから，プロバイオティクスの1つとして考えられている．

近年，プロバイオティクスとして用いられている乳酸菌の多くは，前述したように発酵乳などの乳製品に利用されている．乳酸菌は発酵食品の常在菌であるだけでなく，ヒトの消化管内にも腸内フローラとして多数存在する菌である．また，古くからすぐき漬，サワークラウトなどの発酵漬物やヨーグルトとしてヒトが食べ続けてきた食経験のある微生物でもあることから，乳酸菌は一般に安全な食品として認識されている．乳酸菌の中でもプロバイオティクスとしてよく知られているのが，*Lactobacillus* 属や *Bifidobacterium* 属菌である．プロバイオティクスとしての効果は，菌種よりも菌株に特異的であることが明らかにされており，同じ菌種であっても効果は異なる．またプロバイオティクスとして乳酸菌を利用する場合は，消化管での生存性，すなわち胃酸に対する耐酸性や胆汁酸に対する耐性が重要といわれている．これは，摂取した微生物が胃酸や胆汁酸によって死滅することなく，小腸，大腸に到達することが必要だからである．以上をふまえてプロバイオティクスとしての菌株の選択条件としては，胃酸耐性，胆汁酸耐性，消化管細胞への付着性，消化管への定着性，病原細菌に対する抑制活性，臨床試験による有効性確認，安全性などが求められる．効果としては，便秘および下痢症に対する改善効果，乳糖不耐症の改善効果，免疫機能の向上による感染防御効

果，アレルギー防止効果，動脈硬化予防効果，抗腫瘍作用などを挙げることができる．それ以外には，ピロリ菌（*Helicobacter pylori*）の感染による胃炎の予防，コレステロールの低減作用，過敏性大腸症候群改善作用，がん予防などの効果があることが知られている．

酪酸菌の *Clostridium butyricum* は偏性嫌気性の芽胞形成細菌であり，10～20％のヒトの腸管内に常在している．その *C. butyricum* の中の1菌株が腸内の腐敗細菌に対して強い拮抗作用があることがわかっている．本菌は腐敗菌を含む様々な消化管病原菌に対して拮抗作用を有し，*Bifidobacterium* や *Lactobacillus* 属菌などと共生して整腸作用を発揮することや，芽胞形成細菌であるため安定性および胃酸に対する抵抗性が乳酸菌群と比較し高いことが知られている．

  b. プレバイオティクス

プレバイオティクス（prebiotics）は，1995年に英国の微生物学者 Gibbon によって提唱された用語で，「腸内に生息する有用菌に選択的に働き，増殖を促進したりその活性を高めることによってヒトの健康に有利に作用する物質」と定義されている．オリゴ糖や水溶性食物繊維などの難消化性物質や，プロピオン酸菌による乳清発酵物がこれに相当する．プレバイオティクスの条件としては，消化管上部で分解・吸収されないこと，腸内のプロバイオティクスの栄養分となり有用微生物を選択的に増加させる一方で有害微生物は増加させないこと，腸内環境を整えヒトの健康の増進維持に有効であることなどを挙げることができる．

現在，プレバイオティクスとして利用されているものには，オリゴ糖（ガラクトオリゴ糖，フラクトオリゴ糖，大豆オリゴ糖，乳果オリゴ糖，キシロオリゴ糖，イソマルトオリゴ糖，ラフィノース，ラクチュロース，コーヒー豆マンノオリゴ糖），グルコン酸や食物繊維のポリデキストロース，イヌリンなどがある．プロバイオティクスとプレバイオティクスを同時に摂取することは，プロバイオティクスの増殖を促進することにつながり効果が増大することから，両者を混合した食品や製剤などを「シンバイオティクス（synbioticus）」と呼ぶことがある．

  c. 漬物と植物性乳酸菌

いわゆる植物性乳酸菌は，主に漬物，味噌，醤油など植物由来の発酵食品を製造する際に関与する乳酸菌で，とくに発酵漬物は植物性乳酸菌の宝庫として知られている．植物性乳酸菌という言葉は学術用語ではないが，乳酸菌の棲息環境や

表2.11 乳酸菌の特徴

項目	植物性乳酸菌	動物性乳酸菌
発酵原料	植物性原料（野菜，穀類，豆類など）	動物性原料（牛乳など）
利用糖	ブドウ糖，果糖，ショ糖，麦芽糖など	主に乳糖
塩分抵抗性	強い	弱い
酸抵抗性	強い	弱い
生育温度	低温でも可能	低温に弱い
腸内生残率	高い	低い
発酵食品	漬物，味噌，醤油など	ヨーグルト，チーズ，乳酸菌飲料

特性を表現する用語としては都合がよい言葉である．植物性乳酸菌に対置する言葉は動物性乳酸菌で，牛乳などの動物性原料を発酵する際に関与する乳酸菌である．動物性乳酸菌には約20種類が存在するといわれているが，植物性乳酸菌はそれよりもはるかに多く，10倍以上の種類があるとされている．

　植物性乳酸菌と動物性乳酸菌の特徴をまとめたものが表2.11である．動物性乳酸菌が牛乳などに含まれている乳糖を発酵し乳酸を生成するのに対し，植物性乳酸菌は野菜，穀類，豆類などの植物性原料に含まれているブドウ糖，果糖，ショ糖，麦芽糖など様々な糖類を発酵し，乳酸や酢酸などを生成する．また植物性乳酸菌は，動物性乳酸菌と比べ栄養成分が少ない環境や漬物に多く存在することからもわかるように，高塩分，低pHなどの苛酷な環境下でも生育することが可能である．すなわち胃酸に抵抗力があるということであり，動物性乳酸菌よりも胃での生存率が高く，腸管にまで到達し，生き残る数も多いということを意味する．一般的に，植物性乳酸菌は動物性乳酸菌よりも酸に対する抵抗性が10倍程度あるといわれている．ヒトに対する乳酸菌の機能として整腸作用や免疫賦活作用があることはよく知られているが，植物性乳酸菌においても同様の活性作用があることがわかっている．

d. すぐきと植物性乳酸菌

　すぐきは，京都の上賀茂神社の周辺で古くからつくられている発酵漬物である．発酵漬物に関与する代表的な乳酸菌は $Lactobacillus\ plantarum$ や $Lactobacillus\ brevis$ であるが，京都にあるルイ・パストゥール医学研究センターによってすぐきから分離された $L.\ brevis$ は，腸内の免疫機構に作用し，インターフェロンの産生を促すことが明らかにされた．インターフェロンは抗ウイルス活性をもつ生体

内でつくられるたんぱく質で，感染症やがんから体を防御する役割を果たすナチュラルキラー（NK）細胞を活性化するといわれている．このナチュラルキラー細胞は大型リンパ球の一種で，がん細胞やウイルスに感染した細胞を死滅させるなど，体内における免疫反応において活躍する．すぐきから分離された *L. brevis* は整腸作用とともに免疫賦活作用を有していることが明らかにされており，本菌を用いた発酵野菜飲料が開発されている．

e. すんきと植物性乳酸菌

すんきは，木曽御嶽山の麓にある開田高原の王滝村，開田村，三岳村などで古くからつくられている発酵漬物である．このすんきからは植物性乳酸菌として *Pediococcus pentosaceus* や *Lactobacillus delbrueckii* が分離されており，それぞれ免疫調節機能や疾病予防機能を有していることが明らかになっている．近年，アトピー性皮膚炎や食品アレルギー，花粉症などのアレルギー疾患が増加しているが，引き起こす原因となっているのがIgG抗体の発現と増加である．すんきから分離された *P. pentosaceus* をアレルギー性下痢症モデルマウスに経口摂取させたところ，マウス中の血中IgG抗体が減少しアレルギー性下痢症の軽減が認められたことから，*P. pentosaceus* がアレルギー予防・軽減作用のあることが期待されている．また，本菌がナチュラルキラー活性を高める作用を有していることも明らかにされているほか，インフルエンザウイルスによるマウスの死亡を抑止することができたことから，*P. pentosaceus* がインフルエンザの予防に対して効果のあることが期待される[1]．

一方，*L. delbrueckii* はピロリ菌の感染に対して予防効果を有することが明らかにされている．ピロリ菌は日本人の多くが感染しているといわれており，胃炎，胃潰瘍，十二指腸潰瘍や胃がんの発症原因菌として知られている．すんきから分離された *L. delbrueckii* がピロリ菌の増殖や胃上皮細胞への付着を阻害する作用を有していることが明らかになったことから，本菌のピロリ菌感染予防が期待されている[1]．

〔宮尾茂雄〕

文　　献

1) 安井久子（2012）．第21回漬物技術研究セミナー講演・要約集, 13.

3 漬物各論

◆ 3.1 野菜の風味主体の漬物,新漬・菜漬 ◆

3.1.1 調味浅漬

　新鮮な野菜に食塩をまいて重石をし,水が揚がったら美しい野菜の色調とそれぞれの野菜特有の風味を楽しむ「お新香」は,かつて家庭漬の代表であった.1970年頃から家庭で漬物を漬けることが減った一方で,ナスやキュウリに塩をまいて漬けたものが市販されるようになり,その後若干の醤油,うま味調味料を加えた調味浅漬に変わっていった.

a. ナスの調味浅漬

　注入液とともに袋詰めされたナスの調味浅漬をよく見ると,使用されている種類がおおむね5系統に分けられることがわかる.'千両','式部'などの中ナス,'筑陽','黒陽'などの長ナス,'真仙中長','仙台','千両早穫り'など10 cmくらいの小型長ナス,'民田','窪田','十全早穫り'などの小ナス,'泉州','紫水'などの水ナスである.これらに加え,刻みナス(これまでは切ると褐変が進むためつくれなかったが,シクロデキストリンで切り口をコーティングすることにより変色が防げるようになった)の単体や,ナス・キュウリ,ナス・カブなどのミックス漬物も見られるようになった.

　表面の紫赤色を保つには,ナスをぬらして0.6%の焼きみょうばん,6%の食塩とともに転動機で2~3分転動する.これを同量のビタミンC溶液中に投入し,落とし蓋をして3日間冷蔵漬け込みをする.漬かったナスを袋に入れ,同量の食塩,うま味調味料の入った注入液とともに密封して氷冷ボックスで出荷する.どの種類でも同様の手法でつくるため,食塩2.2%,うま味調味料1%の成分になる.

3.1 野菜の風味主体の漬物,新漬・菜漬

表3.1 ダイコン漬,たくあんの臭いの関連化合物

ダイコン辛味成分	4-メチルチオ-3-ブテニルイソチオシアネート $CH_3 \cdot S \cdot CH-(CH_2)_2NCS$
漬け込み生産物 (初期か低温)	メチルメルカプタン CH_3SH ジメチルジスルフィド CH_3SSCH_3
たくあん発酵生産物	エタノール,酢酸,乳酸
その重合物	酢酸エチル,乳酸エチル
漬け込み生産物 (室温熟成)	エチルメタンスルフィネート $CH_3S(O)OC_2H_5$ ジメチルチオスルフィネート $CH_3S(O)SCH_3$ ジメチルメタンチオールスルフィネート $CH_3SO_2SCH_3$ メチルスルフィニルメチルスルホン $CH_3SO_2S(O)CH_2$ ジメチルトリスルフィド CH_3SSSCH_3 ジメチルトリスルフィドモノスルホキシド $CH_3SS(O)SCH_3$

b. 砂糖しぼりダイコン

ダイコンの一本漬は,たくあんと2つ割りの青首ダイコン浅漬が主流であった.かつてサッカリンが使用禁止になった際,樽取りの塩押したくあんでサッカリンの代わりに砂糖を用いたところ,強い浸透圧でダイコンがしわしわになってしまった.これをヒントに開発されたのが砂糖しぼりダイコンで,脱水が有利に働き人気製品になった.葉付き青首ダイコンを塩漬けしたのち食塩,15%以上の砂糖を使って脱水すると,絞ったようなしわが寄る.食塩2.5%,糖分10%,うま味調味料0.2%の注入液とともに袋詰めし,氷冷ボックスに入れて出荷する.ほどよい甘味と砂糖で少し軟らかくなった塩味,短い緑色のダイコンの葉茎が人気のあるダイコン漬である.砂糖しぼりダイコンはダイコン漬の中では香りが強く,初期のメルカプタンが多い.表3.1にダイコン漬,たくあんの臭い成分を示す.

c. 千枚漬

新京極の漬物店「大藤」が,慶応元(1865)年に御所の大膳寮で料理方として聖護院カブを供したのが千枚漬のはじめとされており,その後すぐき,生しば漬と並んで三大京漬物となった.11月に聖護院カブを収穫し,皮をむいて3mmの厚さのカンナで薄切りし,これを容器に少しずつずらしながら重ね入れ,食塩2%を散布し重石をのせて冷蔵庫中で1日漬ける.この容器を作業台の上に逆さまに置いて取り出し,別につくった調味液,昆布とともに樽で本漬けする.カブを並べてから昆布2,3枚,調味液の順に漬けて重石をして2日程おくと,昆布のぬめりが出て漬け上がる.食塩2.5%,砂糖6%,うま味調味料0.3%程度の配合が

多く，酸は店の特徴を出して 0.3 と 0.5% に分かれている．千枚漬の小樽にはたいてい壬生菜塩漬が入っており，千枚漬を 3 cm 幅に切ってから巻いて壬生菜でしばったり，壬生菜を芯として 2 cm 幅の千枚漬を巻いたりすると美しく見栄えがする．

d. その他の野菜浅漬

　野菜を 1 種，あるいは数種塩漬けし混合する浅漬には種々のものがある．代表的なのはキュウリ，カブであるが，小型キャベツのグリーンボールを 2 つ割りして塩漬けしたグリーンボール漬，直径 3 cm くらいの摘果メロンに軽く包丁を入れて塩漬けしたメロン調味浅漬，パプリカの浅漬やゴボウの浅漬なども市販されている．この他，砂糖しぼりダイコンの刻みにニンジン，シソの葉を配した混合刻み浅漬がよく売れて以来，種々の野菜刻み浅漬も存在する．

　製造にあたっては，ほとんどが塩度 2，3%，うま味調味料約 0.5%，隠し味として砂糖 2% になるような注入液を袋中の野菜に加える形をとっている．醤油を使う場合，あるいは一般には市販されていないが酸分解アミノ酸液を加える場合もあるが，これは醤油を多用すると注入液が褐色になって外観を損なうためである．添加量は，固体・液体の合計の 2.5〜5% までである．

e. 浅漬の素

　最盛期には 100 億円市場となり，年間 5 万トンの野菜を漬けた漬物関連商品に浅漬の素がある．分析値の一例を示すと，食塩 9.3%，麦芽糖 7.8%，うま味調味料 1.8%，イノシン酸 0.1% になる．食塩と麦芽糖の強い浸透圧で野菜の細胞膜を壊し，30 分で食塩 1.5% 程度の食べ頃になるのが人気となった．ただ極めて強いうま味を示し好みが分かれたので，現在では往時ほどの勢いはない．

3.1.2 菜　漬

a. 歴史と種類

　『古事記』の仁徳天皇の段に，吉備の国の山間で青菜の栽培があったことを示す歌が出てくる．また，平城宮の木簡に始まり，『万葉集』，『延喜式』，江戸時代の『本朝食鑑』に至るまで，常に漬菜の記録がある．奈良時代には保存のため高塩で漬けていたことがうかがえるが，『本朝食鑑』の頃になると乳酸発酵を用いた低塩の菜漬もあったようである．『日葡辞書』（1603 年）には「Auona」と記されてお

り，海外にも紹介されていたようだ．

　第二次世界大戦前には，山東菜漬，広島菜漬，高菜古漬が日本三大漬菜とされていて，東京下町の商家の住み込み店員のおかずが山東菜漬であったという記録が残っている．戦後になると山東菜漬は種々の事情で廃れ，野沢温泉帰りのスキーヤーなどによって知名度を得て，「氷を割って取り出す」などの演出もあった野沢菜漬が三大漬菜に参入することとなった．栽培地の移動による周年栽培のおかげで，美しいグリーンの野沢菜漬は常に店頭に並ぶようになり，続いて広島菜漬は漬け込み後に冷凍することで，高菜も冷凍や栽培の日時をずらすことで，ほぼ周年にわたり緑色の製品が出荷されるようになって，いつしか鮮やかな緑色をした漬菜が主体になっていった．

　三大漬菜は，食感および辛味のイソチオシアネートの性質がそれぞれ違い，特徴がある．物性についていえば，食物繊維の含量で硬さが変わる．野沢菜漬は茎が軟らかくて水持ち感が強く，辛味は中庸なので，4〜5 cm の長さに切って食べると持ち味が出る．広島菜漬の茎の硬さは中間，辛味は最も弱いので，2〜3 cm に切って食べるとよい．高菜は繊維が多く硬い上に，辛味が最も強いアリルイソチオシアネートなので，包丁でたたくようにして幅 2〜3 mm 程度になるよう細く切る．

　高菜の仲間である山形青菜の刻み菜漬に近江漬がある．近頃は広島菜，野沢菜なども漬けて刻んだ製品が多く出てきており，さらに細く刻んで豆腐，納豆，麺類などの薬味漬物として使われることも増えた．

b.　野沢菜漬

　野沢菜漬は，出荷量が年間 5 万トンほどで，東日本の量販店で袋詰めを目にすることが多い．野沢菜の起源としては，野沢温泉村の健命寺の 8 代目住職・晃天園瑞が宝暦年間（1755 年頃）に京都に遊学した帰路，カブの種子を持ち帰ったという伝承がある．このカブは，なぜか茎葉のみ異常に成育し根は利用できなかった．現在，健命寺では原種カブの種が販売されており，「寺種」として著名である．長野県一帯でつくられるようになる前は，松本の稲核菜，上伊那郡箕輪の羽広菜，高遠の諏訪紅カブなどとあわせて，「カブ菜」の一種という位置づけであった．

　8 月末に種を播き，11 月頃霜に当たってノリ（粘）の出たところで収穫し，四斗樽以上の大樽に「霜降の塩」，すなわち葉にうっすらと塩をまいて漬ける．野

沢菜漬の特徴は原料が産地移動することで，春は山梨・埼玉・茨城・群馬で6割，長野4割，夏は長野，秋は関東周辺4割，長野4割，徳島2割，冬は9割が徳島から供給される．季節ごとの供給量は1.2〜1.5万トンである．

　工場に到着した原菜は漬込容器に入れられ，そこに水冷却循環装置（チラー）で冷やした5％の食塩水を注入し，ポンプで吸い上げ48時間循環して塩漬けする（第1回冷却工程）．ついで菜を水洗いし，300gを一束にして包装袋に入れ，5℃に冷やした調味液150gを注入する（第2回冷却工程）．袋を密封後，0℃に調節した製品冷却装置に入れ，1時間冷却水中を流す（第3回冷却工程）．そして発泡スチロール容器に20個の袋を入れ，上に氷袋2つをのせて容器をシールする第4回冷却工程を経て店頭に並ぶ．畑から店頭まで低温を保って葉緑素の分解を防ぐことで，鮮やかな緑色を保つとともに微生物も制御でき，清澄な注入液の美しい製品になる．野沢菜漬の持ち味は普通の漬物のように強い重石を使わず，水持ち感のある茎が潰れていないところにある．製品の成分は，食塩2.5％，うま味調味料0.5％で，醤油類の使用は極力抑えて2％である．

c. 広島菜漬

　広島菜は，慶長末期（17世紀初め）に安芸の城主福島正則が京都から，また別説では，明治年間に現生産地である広島市佐東町の農民が同じく京都から持ち帰ったと伝えられている．平茎と呼ばれるやや茎の硬い漬菜で，広島名産のカキ料理に添える漬物として広く知られている．漬物には，美しい緑色の浅漬とべっこう色の古漬がある．

　栽培には，9月播き11月穫りと3月播き5月穫りがある．広島菜の浅漬は美しい緑色と歯応えのある物性が美味とされるが，この緑色は包装後ただちに（淡白な調味液とともに，あるいは小樽詰にして）冷凍することで保っている．冷凍の際には-30℃で急速冷凍し，-18℃で貯蔵する．製品は食塩2.7％，うま味調味料0.7％，糖分2.5％の最終成分になるようにつくる．

　べっこう色の古漬製品は，ウコンを使って塩蔵した古漬の広島菜漬を5％くらいまで脱塩し，軽く圧搾して醤油系の調味液に浸し，数日おいて袋詰め加熱処理することで製造する．食塩5％，うま味調味料1.2％になるようにつくられ，広島菜本漬の名称で売られる．イソチオシアネートの分析値では白菜漬に近いが，アクがやや強く特有の重みのある味をつくり出している．

d. 高菜漬・カラシ菜漬

　高菜は,『新撰字鏡』(892年)に「菘＝太加奈」として記載されている. 当時の高菜は日本各地に土着しており, 在来高菜としては岩手・秋田の芭蕉葉, 絶滅したといわれて復活した三河島菜(芭蕉葉の系列), 葉カラシ菜群といわれる細茎の阿蘇高菜, 久住高菜, 根元の冷害で出てくる粘り気で知られる山潮菜などがある.

　現在の主流になっている高菜はこれら在来高菜ではなく, 明治37(1904)年に中国四川省から奈良県に導入された青菜が各地に伝播したもので, 最大の生産地である福岡県瀬高では紫高菜と交配し三池高菜として, 紀伊半島に南下したものは新宮の「めはりずし(高菜漬でくるんだおにぎり)」の材料として, 山形では山形青菜(蔵王菜)の名称で, 後述の「おみ漬」とともによく食べられている.

　べっこう色をした瀬高の古高菜漬は, 三池高菜を2つ割りして重量の8％の食塩で一次漬けし, そのままでは葉茎が白茶けたように見えるので, さらに食塩6％, ウコン粉0.2％で二次漬けする. このとき足で踏んで細胞を壊すことで, 白茶けた感がなくなる. 漬け上がりで歩留り60％, 塩度12％である. ウコン粉と熟成でべっこう色になった古漬は若干の塩抜きをしてから, 醤油類, うま味調味料で調味したのち袋詰めして80℃, 20分の加熱殺菌したものはそのまま, 貯蔵・販売する. 古高菜漬は刻んで, あるいは軽く油炒めして, おにぎりの具などとして大量に消費されている.

　高菜漬はわが国よりも東南アジアにおいてさらに重要な漬物で, 低塩で乳酸発酵させ酸味が1％になり色も黄色になったものが, 市場でたくさん売られている. 現地ではこれを刻んで野菜スープ, 肉野菜炒めなどの酸味料に使う.

　大心菜スパイス塩漬, すなわち搾菜(ザーサイ)は, 中国漬物として完全に日本に定着している. 形からは想像しにくいが, 搾菜はカラシ菜の1種であり, 茎の肥大したところを食べている. 搾菜のイソチオシアネートを分析すると, カラシ菜, 高菜と同じアリルイソチオシアネートが主成分である. 瀬戸ガメに入れて輸入される中国四川省の搾菜は, 茴香(ウイキョウ), 肉桂, サンショウ, トウガラシなどの香辛料を効かせて漬けており, 文字通り搾った状態になっているので歯切れがよい. こういった香辛料が油の酸化防止剤の役目をするので, 瓶詰油炒めの「搾菜漬」は長期保存に耐える. これに対し, 台湾や中国各地から入ってくる塩漬搾菜は, 油がすぐ酸

化するので注意を要する．

e. 菜の花漬

4月上旬，京都洛北の松ヶ崎付近では菜の花が満開になる．それを漬けたものは京都の名産で，寒咲ちりめんなどの菜の花をつぼみのうちに漬物にする．また，菜の花は千葉県の館山周辺でも栽培している．収穫して4%の食塩で漬け込み，水が揚がれば完成となり，袋に入れて食塩3%，うま味調味料0.5%程度のあっさりした味の注入液を入れて仕上げる．4,5月は小袋に密封して販売し，残りは樽詰もしくは小袋のまま−30℃で冷凍する．広島で広島菜とともにその花も漬けて冷凍し成功したものが，京都に伝わったとされている．

f. ハクサイ漬

ハクサイには，葉重型といって結球葉数40枚以上のものと，葉数型といって60枚以上のもの，そして中間型がある．浅漬には，1枚の葉の重い葉重型がよいといわれている．

漬物として売るときには，外が緑，次が白で中心が黄の三色対比の美しいものが好まれる．その意味では，外葉をとってもまだ緑の葉の残る葉数型がよいともいえる．今のハクサイ漬は食塩2.5%以下であり極めて低塩なので，家庭で漬ける際には2.5%食塩水を差し水して重石を強くしておかないと水が揚がらずに失敗する．

菜漬には緑色のものが多く，ハクサイ漬も袋の中の緑色が多く見えるものの売れ行きがよい傾向にある．そのため，大型の半結球ハクサイで緑の葉が多く味もハクサイより重厚な山東菜漬が見直されているが，産地が限定され価格も高く，出回っている量はまだ少ない．結球ハクサイは慶応2（1866）年にわが国に導入されたが，半結球ハクサイは江戸時代に長崎に入っており，唐菜と呼ばれていたことが『長崎見聞録』（1797年）に見られる．山東菜漬の市販品は食塩2〜2.5%，うま味調味料0.4%付近のものが多い．

g. その他の菜漬

知名度の高い漬菜としては，関東の千筋京菜，関西の壬生菜がある．京菜は分げつ性が強く，1株から500葉以上の細い茎葉を生じ5kg以上になる．関東の千筋京菜は葉の欠刻が深く浅漬にしたり，茎の白い部分が多くアクも広島菜や高菜より少ないので鍋料理に使われる．壬生菜は塩漬けし，軽い調味をしてからぬか

3.1 野菜の風味主体の漬物，新漬・菜漬　　63

表 3.2　各種漬菜の品種名と特徴（日本農業新聞，1994.12.19 号（日付）より改変）

菜群	代表品種	主産地	特徴	代表品種	主産地	特徴
アブラナ群	くきたち菜	北海道	積雪下で越冬性が大。翌春萌え出した若菜を利用する。	カツオ菜	福岡県	煮るとかつおぶしを入れなくても味がよく、冬場の鍋料理に重宝される。
アブラナ群	ちりめん五月菜	山形県内陸地方	9月に種まきし越冬させ、早春に伸びた花茎および葉を利用する。	柳川高菜	福岡県	中国から導入された多肉性の高菜類のうち、青菜が九州地方に順化したもの。
アブラナ群	紫折菜	山形県酒田市	くきたち菜に似ているが、花茎や葉が紫紅色になる。古味あり。	三池高菜	福岡県	柳川高菜と在来の紫高菜との交雑から生まれたとされている。
アブラナ群	寒咲花菜	滋賀県	大津市平野地区でつくられており、菜の花漬にする。	山潮菜	福岡県	江戸時代に筑後川沿いに土着した。漬菜のほか、白和えなどにして食べる。
アブラナ群	高山真菜	大阪府豊能町	ちりめん状と丸葉の2系統があり、つぼみを漬菜にする場合はちりめん系統を利用する。	阿蘇高菜	熊本県	三池高菜とは異なり、茎部の利用価値が高い。カラシ菜に近い辛味と独特の風味がある。
水菜群	水菜	京都府	千筋京菜とも呼ばれる。欠刻が深い。	野沢菜	長野県	茎葉が軟らかく、漬物用として広く用いられる。
水菜群	壬生菜	京都府	京菜の一変種で、葉がへら状で欠刻がない点に違いがある。丸葉水菜とも呼ばれる。	鳴沢菜	山梨県鳴沢村	冬の貯蔵用野菜として塩漬で利用する。野沢菜に近い。根は細長い。
水菜群	大阪白菜	大阪府	関東のコマツナに相当する大阪の主要な軟弱野菜で、天満菜とも呼ばれる。	中島菜	石川県七島町	カラシ菜に近く、葉柄が多肉性である。
ハクサイ雑種群	広島菜	広島市安佐南区	繊維が少なく漬物に好適。葉は大きく切れ込みがなく、大株になりとう立ちが早い。	信夫冬菜	福島県県北地方	葉先で濃緑色になる。冬から春にかけ、おひたしや炒め物にも利用される。
ハクサイ雑種群	博多ハクサイ（はさい）	福岡県福岡市	白京菜とも呼ばれる。間引きしたものを「はさい」と呼ぶ。	女池菜	新潟県	新潟市近郊で昔から栽培されているとう菜の一種。コマツナより大型で、葉の緑色も濃い。
ハクサイ雑種群	長崎ハクサイ	長崎県	唐菜とも呼ばれ、牛結球性で導入され、白味がある。漬物のほか煮食用としても用いられる。	大崎菜	新潟県	かつては雪中の青菜として高価で取引され珍重された。トンネル栽培で地下水を利用する。
カラシ菜群	山形青菜	山形県内陸地方	明治以後に中国から導入された多肉性の高菜類のうち、青菜が葉食地に順化したもの。	長岡菜	新潟県	休菜、野沢菜、コマツナなどが交雑しているとされている。
カラシ菜群	高菜	三重県熊野市	主産地を紀州利用で、栽培面積は74アール（平成6年）、べっこう漬は紀州郷土食のはずし利用であったが、現在は新高菜漬化したもの。	クロナ	熊本県	阿蘇郡小国町岳湯地区で自家採取されている。葉とさとうあたると緑が濃くなる。

漬にしたものが「旧水菜漬」(ふる)と呼ばれ，京都の隠れた味になっている．

漬菜は各地に種々の品種があり，その土地土地で大切に漬けられている．著者も関与した全国の漬菜の品種名と特徴を整理したものを表3.2に示す．

3.1.3　新傾向の新漬

2000年代に入り，新傾向の漬物として豆腐，納豆，麺類，白飯などに「かける，混ぜる，のせる」という使い方の，トッピングする漬物が数多く発売された．また，生野菜を漬けるのではなく，焼く，炒める，ゆでる，炊くなど調理してから漬ける漬物も種々見られるようになった．他に，古くから知られてはいたが正式のものがなかった，福島，山形，長野などの三五八床を工場で配合して売る，三五八漬も市販されるようになった．

a. 近江漬類似の刻み漬

近江漬（おみづけ）は，山形にベニバナの取り引きに来た近江商人が，道端に落ちている特産漬菜の青菜を拾ってつくったといわれている．刻み青菜にダイコン，ニンジン，菊の花などを混ぜて醤油をわずかに使い，青菜の明るい緑にダイコンの白の対比と風味を楽しむ．これに昆布を配した蔵王菜昆布，野沢菜昆布など類似の製品が，白飯や納豆，豆腐などにのせて食べられている．

b. ねぎからし

栃木県那須の郷土食で，生ネギの細刻と干しトウガラシの細刻を醤油漬にしたものである．生ネギと胡椒，あるいは細刻ショウガの組み合わせがある．

c. だ　し

山形の郷土料理で，キュウリ，ナス，人葉，ミョウガ，ネギなどの細刻に削りぶしと醤油で味をつけたものである．村山，高畠でよくつくられており，カップ容器に入れて売られたものが市場に定着している．ニンニクの入ったスタミナだし，カレーだし，キムチだしなどもある．

d. 三五八漬

食塩3，米麹5，米8の容量比で漬床（三五八床）をつくり，それと野菜を混ぜて食べる三五八漬は，福島，山形，諏訪などの家庭でつくられていた．これを市販品にする試みが福島県で試されているが，三五八漬の配合は容量で伝わっており，食塩などは種類や状態によって重量が大きく変わってしまうため難しい．配

表 3.3　三五八床の配合例

		原容量		重量	水	炊飯後	最終量
食塩	3	0.75 合	135 ml	150 g			
米麹	5	1.9 合	342 ml	219 g			
粳米	8	3 合	540 ml	480 g	778 g	1125 g	1125 g

※実際は 2 : 3 : 15 になっている．

合表を表 3.3 に示す．

　米に水を加えて炊飯後，米麹を混ぜて 60℃ の恒温器中に 12 時間入れておくと，米麹の作用で糖化が起こり甘酒状になる．これに食塩を加えてよく撹拌すれば，三五八床が完成する．ぬかみそ漬のように野菜を埋め込むのではなく，別の容器に野菜を入れて三五八床をかけ，放置して味を野菜に移す方法をとる．野菜 1 に対し床を 30% 使い 5 時間放置すると，食塩 2.4%，甘味十分の漬物になる．また同じ床を使って豚肉の切身にその重量の 40% をかけ，冷蔵庫中に 48 時間放置した後に取り出すと，塩度 3% でおいしく漬かる．　　　　　　　　　　〔前田安彦〕

3.2　調味料の風味主体の漬物，古漬

3.2.1　醤油漬

a．福神漬

　カレーライスに添えられる漬物として知名度の高い「福神漬」（図 3.1）は，明治時代の初め頃に考案，製造されたといわれている．それまでは塩漬だった漬物を醤油で漬け，味のよい福神漬になるまでに約 10 年もの歳月を要したといわれているが，その甲斐あって福神漬はまたたく間に庶民の間で評判となった．

　いかにもおめでたい名前の「福神漬」であるが，その名づけ親は明治時代の流行作家，梅亭金鵞だといわれている．由来には諸説あるが，7 種類の野菜が入っていることや，福神漬を考案した店の近くに七福神が祀られていたことから考えついたという説が有力である．また，「おかずがいらないほどおいしい」ため食費が浮いてお金がたまることから，「福の神も漬けてある＝福神漬」といわれるようになったとも伝えられている．

　「福神漬」が初めて「カレーライス」に添えられたのは，明治 35（1902）年頃，

図3.1 市販されている福神漬

ヨーロッパ航路船の食堂であったそうだ．食堂のカレーには，インドや東南アジアでカレー料理に添えて食べる「チャツネ」が付け合わせとして添えられていたが，あるときチャツネが切れてしまい，そこで代用品としてコック用の福神漬を付け合わせたところ大評判になったのである．西洋化を推し進めていた当時の日本において，ハイカラな外国船航路の一等食堂のスタイルはあっという間に巷に広がっていった．

　福神漬の原料としては，主体のダイコン以外に，ナス，キュウリ，ナタマメ，レンコン，シソ，ショウガの6種類の野菜を使うことが多い．日本農林規格（JAS）では7種以上の野菜を用い，固形物中のダイコンの占める割合が20%以上あることが決められている．野菜はすべて塩蔵品を使用し，配合はダイコンが主体でナス，キュウリがその次に多く，その他の野菜は適量の配合になるが，ナタマメ，レンコンは少量になる．表3.4に，JASに見合う配合例を示す．

　製造法は以下の通りである．塩漬ダイコンと塩漬ナスは縦に4～6割りにし，細刻機によりどの片にも皮がついているように，さらに横2～3mm程度に細切りされる．キュウリは太いものは縦に半切りにし，さらに横に2～3mm程度に細切りされる．レンコンは太いものは4～6割りにし，さらに横2～3mm程度に細切りされる．ナタマメは，横2～3mm程度に細切りされる．ショウガは，専用の切断機により短冊状に細切りされる．シソの葉は塩出し後細切りして漬け込む．

　塩漬原料は，できるだけよく水さらしをして塩を抜く．たびたび換水して塩分を抜くとともに，塩漬が汚染されたり下漬けの際に腐敗菌が付着したりするため洗浄し，下漬け臭を取り除く．最終的に，完全に塩気がなくなるまで水さらしをする．その後圧搾機（水圧もしくは油圧）を使って，できるだけよく圧搾する．

3.2 調味料の風味主体の漬物, 古漬

表 3.4 JAS に見合う福神漬の配合例[1]

	配合	復元後	原計算値	復元後割合
圧搾ダイコン*	28.7 kg	68.2 kg	31.6 kg	75%
圧搾ナス	3.1	10.9	3.4	
ナタマメ	3.6	3.6	4	
レンコン	2.7	2.7	3	25%
シソの葉	2.7	2.7	3	
ショウガ	2.3	2.3	2.5	
白ゴマ	0.5	0.5	0.5	
材料計	43.6	90.9	48	80%
調味液	70.0	22.6	77	20%
製造総量	113.6	—	—	—

*厳密に計算するとこうなる，普通はダイコンを 25 kg にして，製造総量を 110 kg と切りのよい数字にする．

表 3.5 福神漬の調味処方[1]

		全窒素 (g)	グル曹 (g)	食塩 (kg)	糖 (kg)	酸 (g)
淡口醤油	4.0 l (4.7 kg)	48	48	0.75		
淡口味液	7.0 l (8.6 kg)	210	266	1.46		
グル曹	1,006 g	75	1,006			
砂糖	20 kg				20	
異性化液糖	13 kg				13	
氷酢酸	220 ml					220
25% 焼酎	4.4 l (4.27 kg)					
シソエッセンス	44 ml					
黄色 4 号*	15 g					
ダイワレッド FN*	29 g					
ソルビット液	3.3 kg					
食塩	2.74 kg			2.74		
水	12 l					
(計)	70 kg					
野菜	40 kg	60				
製造総量	110 kg	393	1,320	4.95	33	220
最終成分		0.36%	1.2%	4.5%	30%	0.2%

〔その他の最終成分〕醤油類 10%, アルコール 1%, 香料 0.04%, 色素 0.04%.
*福神漬の JAS 規格では合成着色料は使用できない．

程度としては，50〜60％くらいになるまで圧搾することが普通である．

調味液として，古くは醤油を主体に砂糖，水飴を溶解してつくられていたが，醤油だけでは小袋詰めなどにした場合に保存中の褐変が著しいため，現在では淡口アミノ酸液などが併用される．甘味は，高感度甘味料などを併用したものもあるが，「コク」や「テリ」の点からは，砂糖，水飴，液糖などの配合のものが良好である．

表3.5に，福神漬の調味処方を示す．アミノ酸液に醤油を配合し，60℃程度に加熱し，砂糖，水飴，ソルビットなどを溶解する．調味液が冷却したら圧搾した野菜をその中に漬け込み，上下を撹拌しておけば，冬期は1週間，夏期は3〜4日ほどで野菜が調味液を吸収して漬け上がる．野菜により漬液の吸収速度が異なるため，別々の容器にそれぞれ漬けてから配合すると均一なものができあがる．

b. キュウリ醤油漬

キュウリを醤油主体の調味料に漬けたものがキュウリ醤油漬である．キュウリ醤油漬には刻みキュウリ醤油漬，キュウリ一本醤油漬などの種類があり，このうち刻みキュウリ醤油漬の代表的なものに，東海漬物の「きゅうりのキューちゃん」がある（図3.2）．

きゅうりのキューちゃんは，昭和37（1962）年の発売以来50年以上にわたってつくり続けられているロングセラー商品である．発売時に10％以上あった塩分は，度重なる製品改良に伴って徐々に低塩化し，2012年にリニューアルした商品では塩分4.0％となっている（表3.6）．世の中のニーズに応えた低塩化などの長年の製品改良の努力こそが，今でも多くの家庭で食されている理由であるといえよう．

図3.2　きゅうりのキューちゃん商品一覧

3.2 調味料の風味主体の漬物,古漬

表3.6 きゅうりのキューちゃんの食塩含有量の変遷

年	食塩%	備考
昭和37（1962）	10.0	きゅうりのキューちゃん誕生
昭和41（1966）	8.7	加熱殺菌が始まる
昭和45（1970）	6.5	
昭和48（1973）		JAS規格工場認定
昭和52（1977）	6.0	
昭和56（1981）	5.2	
平成3（1991）	4.8	
平成6（1994）	4.4	
平成13（2001）	4.0	
平成18（2006）		漬物機能研究所誕生

※食塩4.0%以下は可食性が低下するので,現在も4.0%のままである.

刻みキュウリ醤油漬の原料としては,キュウリ,ショウガ,ゴマなどの野菜が挙げられる.野菜はすべて塩蔵原料を使用し,キュウリを主としてショウガは適量加える.キュウリの歯切れのよさが大切なので,'四葉'を専用品種として使用することが多い.'四葉'は本葉が4枚ついた頃から実がなるのでこの名がある.白イボ系キュウリであるが,普通のものよりも1.5倍ほど大きくなり,歯切れがよく漬物に向く.

製造法は以下の通りである.原料として,塩蔵キュウリ90 kg,ショウガ1 kgを用いる.塩蔵キュウリはト漬けの汚染などを除くために,洗浄機でまず洗浄し,終わったものからただちに野菜細刻機にかけ,0.5〜1.0 cm程度の厚さに細切りする.脱塩槽で換水しながら塩抜きをし,塩気がほとんどなくなるまで水さらしをする.水さらしによって下漬け臭も除去され,細菌も減少する.

その後,圧搾機または遠心分離機によって圧搾脱水をする.遠心分離機の方が効率はよいが,圧搾は不十分である.塩蔵キュウリの重量が50%前後になるまで圧搾するのが普通であり,この圧搾が足りないと歯切れが悪くなり,漬液が薄められて変質しやすく,風味が劣る.逆に圧搾が強すぎるとキュウリの戻りが悪く,漬け上がりの味が強すぎるので,圧搾にばらつきがあってはならない.

醤油漬けの成分としては窒素が0.4〜1.0%と高く,糖分が少なく,うま味が主要な味である.したがって調味液は,うま味物質を活用して塩味,うま味,酸味などの調和のとれたものに配合する.醤油漬の特徴はもちろん醤油からくる風味

3. 漬物各論

表 3.7 キュウリ刻み醤油漬調味処方[1]

野菜配合	キュウリ（圧搾 40%）	38.5 kg
	ショウガ（塩抜き・水切り）	1.0 kg
	シソの実	0.3 kg
	ゴマ	0.2 kg
調味液		70 kg
製造総量		110 kg

（復元後：野菜 83 kg，調味液 27 kg）

調味処方		食塩 (kg)	全窒素 (g)	グル曹 (g)	酸 (g)
減塩淡口醤油	16.5 l (19.6 kg)	1.5	264	231	
淡口醤油	16.5 l (19.6 kg)	3.1	198	198	
グル曹	1.55 kg		116	1,551	
高酸度食酢	2.2 l				220
トウガラシ	55 g				
金茶色素	220 g				
水	26.8 l				
（計）	70 kg				
野菜	40 kg		80		
製造総量	110 kg	4.6	658	1,980	220
最終成分		4.2%	0.60%	1.8%	0.2%

〔その他の最終成分〕醤油類 30%，色素 0.02%．

であるから，醤油主体の漬液にすることがよいと思われるが，本醸造醤油は漬け込み後の保存中に褐変が見られることもあるため，淡口のアミノ酸液を併用することがある．表 3.7 に示したように，醤油と淡口アミノ酸液などを混合して 60℃ に加熱し，グルタミン酸ナトリウム，酸などを溶解してから冷却して調味液とする．なお，香気の高い醤油を使用することでキュウリの塩蔵臭をマスキングすることができる．きゅうりのキューちゃんでは，醤油香を活かすために醤油のみを使用している．

調味液が冷却したら，圧搾したキュウリをその中に漬け込み，たびたび上下を撹拌して漬液をムラなく吸収させる．自動撹拌漬込機を使用すれば，絶えず上下が反転されるのでムラがなく，しかも漬液の無駄をなくすることができる．回転式漬込槽を用いた場合も，同様に均一に漬け上がる．　　　　　〔吉澤一幸〕

c. キノコ，山菜の単体もしくは混合醤油漬
1) 概　論

　山菜・キノコは概して呼吸量が大きく，生の状態で長期間品質を保つことが困難である．したがって，飽和食塩水程度の塩分で貯蔵を行い，加工用原料として通年供給に応じている．またポリフェノールなどのアク成分が多く，その除去も兼ねて塩蔵の期間を長くしている．その後，脱塩をして醤油を用いた醤油漬という形で製品化を図っている．

　農産物の醤油漬の定義は，「農産物（山菜，きのこおよび樹木の花，葉などを含む）を塩漬けし，干し，湯煮などしたもの，またはこれに水産物（魚介類および海藻類）を脱塩，浸漬，塩漬けなどの処理をしたものを加えたものを食塩，醤油，アミノ酸液などに漬けたもの，それに加え砂糖類，みりん，香辛料，削りぶし，昆布などを加えたものに漬けたもの」とされている．

　山菜の醤油漬には，ワラビ，ウド，コゴミ，フキノトウ，フキ，ミズタマ（ミズノコブ），ヤマゴボウ，行者ニンニクなど多種のものが見られる．キノコの醤油漬では，ブナシメジ，ナメコ，エノキタケ，マイタケ，シイタケを中心に多彩な商品展開がなされている．また，それらをミックスした醤油漬も商品化されている．さらに派生したものとして，炊き込みご飯の素，うどん・そばの薬味などとしても商品化されている．

　ヤマゴボウの醤油漬などは，珍味・土産品として販売されている．また，近年の機能性食品ブームに合わせてポリフェノール（抗酸化物質）が含まれていることを主張し，商品の販売に活用している．ポリフェノールはこれまで，野菜や果物の切り口を変色させるなど否定的にとられることが多かったが，細胞の老化や発がんに関係がある「活性酸素」を除去する効果があるなど，プラスの機能が注目されてきている．さらに，アカモク（ホンダワラ科の海藻，地方名ギバサ）に含まれているフコイダンなどねばりのある食物繊維をセールスポイントに，山菜・キノコとのコラボ商品も検討され展開を図っている．

　山菜は一応のアク抜き処理をしてから食用にしているが，大半は残存している．なおアク抜き処理をしても，その抗酸化作用には期待できる．一方キノコを利用するには，山野で採集した毒キノコによる食中毒への注意はいうまでもないが，栽培，保蔵，加工，調理にわたる食品衛生面での留意も必須である．生理特性と

して生体防御（免疫賦活），疾病回復機能，がん，脳卒中，心臓病などの生活習慣病の予防と改善効果が指摘されている．

2) ヤマゴボウの醤油漬

ヤマゴボウは，もともと味噌漬の製品が主だったが，風味の軽快さで醤油漬が多くなっている．醤油（薄口醤油），うま味調味料，醸造酢，砂糖，色素などで調味液をつくり（表3.8），下漬け脱塩をしたヤマゴボウを漬ける．難点は，80℃で20分殺菌すると冷却後に雲母状の沈殿（イヌリン）が晶出してくるところにある．防止するには65℃，20分の殺菌をすればよいが，殺菌が不十分で袋の膨張などを引き起こすおそれがある．そのため，塩漬け期間を長くしてヤマゴボウからイヌリン物質を排出させるか，あるいは80℃，10分のプレ加熱を湯槽をよく撹拌しながら行い，冷却したヤマゴボウを調味するなどの方法をとるとよい．

3) キノコ，山菜の醤油漬

キノコ，山菜の単品あるいはいくつかをミックスした調味漬，醤油漬には，数多くの種類がある．キノコではシメジ（表3.9参照，ヒラタケ，ブナシメジ，ホンシメジなど種類が多い），エノキタケ，ナメコ，キクラゲなどがあり，山菜では

表3.8 ヤマゴボウ醤油漬調味処方[1]

調味処方		食塩(kg)	グル曹(g)	酸(g)	糖(kg)
淡口醤油	7 l (8.3 kg)	1.32	84		
淡口味液	4.2 l (5.2 kg)	0.87	160		
天然調味料	280 g	0.02	20		
グル曹	1.84 kg		1,840		
高酸度食酢	1.4 l			140	
クエン酸	140 g			140	
砂糖	4.2 kg				4.2
アルコール	0.7 l (0.56 kg)				
金茶SN色素	16.8 g				
黄色4号	4.2 g				
水	48 l				
(計)	70 kg				
ヤマゴボウ（脱塩7%）	70 kg	4.9			
製造総量	140 kg	7.11	2,104	280	4.2
最終成分		5.1%	1.5%	0.2%	3%

〔その他の最終成分〕醤油類8%，天然調味料0.2%，アルコール0.5%，色素0.015%．

3.2 調味料の風味主体の漬物, 古漬

表 3.9 シメジ関連キノコの分類[1]

	分類	特性
栽培種	〈ヒラタケ科〉 　ヒラタケ（オイスターマッシュルーム） 　香りヒラタケ（商品名） 　クロアワビタケ（商品名） 　エリンギ 〈キシメジ科〉 　ブナシメジ（商品名：本シメジ） 　ハタケシメジ（商品名：夢シメジ）	おがくず栽培で周年出荷 弱い香りをもつ ほのかにアワビの味がする もみがら栽培可能 歯切れがよい 香り高く野性味がある
天然種	〈キシメジ科〉 　ホンシメジ（ダイコクシメジ） 　シャカシメジ（センボンシメジ） 　シモフリシメジ 〈ヌメリガサ科〉 　サクラシメジ	生きた樹根と共生，味シメジ 味は非常によい 霜の降りる頃に発生する 広葉樹林に発生し，ワインカラー

表 3.10 市販キノコ・山菜漬物製品の配合と分析値[1]

		A	B	C	D	E	F	G	H	I	J	K
食塩（％）		2.2	2.2	2.7	2.9	2.7	2.4	2.7	2.1	2.5	4.1	3.9
全窒素（％）		0.56	0.63	0.57	0.64	0.63	0.44	0.33	0.36	0.50	0.38	1.11
グル曹（％）		2.51	1.40	2.05	1.77	2.40	1.45	0.70	0.84	1.17	1.16	0.62
全重量（g）		256	287	257	263	255	253	375	182	224	334	168
固体（g）		125	137	116	122	107	117	144	127	159	154	117
調味液（g）		124	143	134	134	141	129	225	50	58	176	46
固形物割合（％）		50	49	46	48	43	48	39	72	73	47	72
表示重量（g）		230	260	230	230	230	230	350	160	210	300	—
表示固形量（g）		45	130	115	115	100	110	140	—	150	120	—
調味液屈糖値		10	9	10	12	12	8	6	7	10	10	18
包装形装		\multicolumn{6}{c}{レトルトトレー}	巾着	小袋	小袋	ロケット	小袋
種類別（g）	エノキダケ	89			7	28		119	50	2	76	
	キクラゲ	36			21	14		25	2	4	14	
	ナメコ			49					6		17	
	シメジ		61	4					8		9	117
	ワラビ		54	63	24		117		33	97		
	ゼンマイ									25		
	タケノコ		22		58				13	24		
	フキ									7		
	ミズ								15		38	
	セリ					31						
	ヤマゴボウ					18						
	菜の花					10						
	ニンジン					6						
	その他				12							

ワラビ，ネマガリタケ，ゼンマイ，ミズ，フキ，セリなど多彩である．

一般に，キノコ類は湯がいて飽和食塩水で塩蔵したものを脱塩して，調味漬に処方する．山菜漬も同様である．表3.10に市販製品の配合と一部の分析値を示した． 〔菅原久春〕

d. 巻物・詰物漬物

外観の面白さや素材の組み合わせを考えてつくられた漬物が，巻物・詰物漬物である．トウガラシをシソの葉で巻いた漬物とそれをウリに詰めた醬油漬，粕漬，味噌漬などがある．詰物としてはシソ巻きトウガラシだけでなく，ゴボウ，ニンジンを刻んだものや菊の花などもある．

1） シソ巻きトウガラシ（日光巻き）

『延喜式』第39内膳の部に，当時の式典に用いられた漬物が紹介されている．その中にある荏裏がシソあるいはエゴマの葉で他の野菜を巻いた漬物であり（1.1.3項参照），日光巻き（栃木県）や南部巻き（岩手県）には荏裏の伝統が色濃く残っている．その後，天保年間の『四季漬物塩嘉言』でも「種抜き唐辛子の日光漬」が取り上げられており，「赤トウガラシと縮緬シソをともに塩漬けしてから1日干してトウガラシの種を抜き，それを塩押しシソの葉で巻いて20日ほど塩漬けし，水を切って天日で干してから壺に貯蔵する」と記されている．

図3.3 日光巻き

栃木県には日光巻き（図3.3）をつくっている企業が数社あるが，ここでは老舗の落合商店でのつくり方を紹介する．地元産の青トウガラシ（伏見群日光）と青シソを塩漬けし，その後1年以上塩蔵する．塩蔵期間中にトウガラシもシソもべっこう色に変わり，トウガラシの辛味はまろやかになるという．加工にあたって洗浄，選別したトウガラシを縦に切って中の種子を取り除き，1本ずつ塩漬シソの葉で巻きあげて製品とする．市販の日光巻き（塩漬製品）の成分分析では，平均値として塩分19.4%，水分69.5%であり，たいへん日持ちのよい製品である（栃木県産業技術センター阿久津智美氏調べ）．刻んでお茶漬けにすると，シソの香りと程よい辛味があっておいしい．なお，日光巻きは塩漬製品であるが，脱塩して醤油漬とした製品もある．

2）印籠漬，鉄砲漬，養肝漬

水戸黄門でおなじみの印籠に似ていることから名づけられた印籠漬は，『四季漬物塩嘉言』にも記されている．「まるづけ瓜の跡先を切り，中実をくりぬき，其の中に穂蓼，紫蘇の葉，若生姜，青唐辛子等を押し入れ，甘塩加減にして圧し強く漬けるなり．六，七日たてば食い頃なり．瓜へ唐辛子の辛み移りて至極良し．輪切りにしたる処，印籠に似たるゆえ名づくるものか．また言う，胡瓜もかくの如くするもよし．歯切れありてまるづけ瓜に劣らず」とあるように，瓜（越瓜，青瓜）の両端を切り落とし，中の種子を抜いた穴に酸味野草のホタデ（スカンポの仲間），シソ，ショウガ，青トウガラシを詰め入れたものである．原料野菜の収穫時期は夏季であり，その時期に1週間近く塩漬けして食べ頃になるということは，乳酸発酵した浅漬のようなものであったと考えられる．今日の印籠漬類は，最盛

表3.11 ウリ詰物醤油漬の性状，成分

製品名	pH	水分(%)*	食塩(%)	酸分(%)**	ホルモール窒素(%)
印籠漬（粕漬）	5.3	54.9	5.2	0.5	0.4
養肝漬（新味）	5.5	88.1	3.7	0.2	0.3
養肝漬（昔味）	5.7	65.4	12.2	0.9	1
伊賀越漬	4.9	83.1	3.8	0.3	0.3
小船漬（鉄砲漬）	4.7	81.1	4	0.7	0.5

*水分の数値にアルコール分も含む．
**酸分は滴定酸度から乳酸換算で算出．

期のウリやキュウリのワタ（種子など）を除いて塩漬け・塩蔵しておき，脱塩してからトウガラシなどの詰物をして，醤油漬，味噌漬，酒粕漬などに加工した日持ちのよい漬物である．鉄砲漬，金婚漬，養肝漬などはいずれも印籠漬と同様の製法である．表 3.11 に詰物漬物の成分分析結果を示した．

　印籠漬の商標を登録している新六本店では，シソ巻きトウガラシをシロウリに詰めた粕漬（図 3.4）をつくっている．夏季に収穫された小ぶりのシロウリを両切りして種子をくり抜き，塩をたっぷり入れた酒粕に 1 カ月以上漬けて下漬けウリとする．下漬けウリは，食塩を減らした酒粕に移し替えて甘味をのせていく．中漬け，上漬け，直し漬けと 3 回漬け直した後に，粕漬けしておいたシソ巻きトウガラシをウリに詰め，仕上げ漬けをして製品とする．

　千葉県成田市から茨城県潮来市周辺でつくられている鉄砲漬（図 3.5）は，戦後生まれの漬物である．成田山新勝寺は元禄時代から訪れる人が多く，今でも初詣客数は明治神宮に次いで全国 2 位の人気スポットであるが，鉄砲漬の起源は，1950 年代に新勝寺近くの料理屋，名取亭のおかみだった名取いくが近在でとれたシロウリの漬け方を工夫して商品化したといわれている．一方，利根川を挟んだ潮来では，旅館で働いていた三重県出身のお手伝いさんが郷里の養肝漬を真似てつくったのが始まりとされている．鉄砲漬の量産化を可能にしたのは，羊羹屋の

図 3.4　印籠漬

図 3.5 鉄砲漬

芦田勝二が手作業だったウリの穴あけ，種子取り作業を機械化したことによる．これをきっかけとしていくつかの鉄砲漬製造企業が生まれ，今では地元産の原料だけでは足りなくなり，海外産の塩蔵シロウリも使われるようになっている．

　ここでは鉄砲漬製造の大手，ちば醤油でのつくり方を紹介する．選別したシロウリを両切りして種子を取り除き，15％の食塩を加えて塩漬けする．数日後に漬け替えて 23％の食塩濃度とし，長期の塩蔵に供する．調味加工時には，ほとんどの塩分が抜けきるまで脱塩した後，ウリの穴に塩漬トウガラシを詰めて圧搾し，醤油主体の調味液に漬けて旨味をのせる．これを数回繰り返して製品とする．真空包装後に加熱殺菌するので，低食塩ながら日持ちはよい．表 3.12 に調味処方を示す．

　鉄砲漬の見本といわれる養肝漬（図 3.6）は，三重県伊賀上野の漬物である．伊賀上野で養肝漬がつくられたいわれは，豊臣秀吉と徳川家康に仕えた藤堂高虎の時代にまでさかのぼる．高虎は 1608 年に徳川家康の命により伊勢津へ転封され，伊賀上野城の改修を任されたが，その際に近在の農民が提供したウリの味噌漬は高く評価されて，「軍兵の英気を養う」という意味から養肝漬と名づけられたという．養肝漬は，味噌玉を食塩水で仕込むときの桶の底にシソやナスを詰めたウリを置いて，味噌の熟成に合わせて漬け上げた味噌漬であり，輪切りの姿から印籠

表 3.12 鉄砲漬調味処方[1]

塩蔵（一押し，二押しを通して）
　生シロウリ　6,000 kg
　食塩　　　　1,800 kg → 上がり　2,700 kg　歩留り　45%

一段調味　漬け込み　72 時間，冷蔵庫
　脱塩シロウリ　1,080 kg　（脱塩 2%，圧搾 40%）
　調味液　　　　270 kg　　製造総量　1,350 kg

調味処方		食塩（kg）	グル曹（kg）	糖（kg）	酸（kg）
淡口醤油	70 l (83 kg)	13.2	0.84		
淡口味液	95 l (117 kg)	19.8	3.61		
グル曹	3.6 kg		3.6		
砂糖	27 kg			27	
ソルビット液	30 kg			12	
クエン酸	2 kg				2
氷酢酸	2 l				2
アルコール	6.75 l (5.4 kg)				
(計)	270 kg				
シロウリ	1,080 kg	21.6			
製造総量	1,350 kg	54.6	8.05	39	4
最大浸透量		4.0%	0.6%	2.9%	0.3%

二段調味　漬け込み　144 時間，冷蔵庫
　一段調味シロウリ　1,080 kg
　調味液　　　　　　270 kg　　製造総量　1,350 kg

調味処方		食塩（kg）	グル曹（kg）	糖（kg）	酸（kg）
淡口醤油	70 l (83 kg)	13.2	0.84		
淡口味液	95 l (117 kg)	19.8	3.61		
グル曹	3.6 kg		3.6		
砂糖	27 kg			27	
ソルビット液	30 kg			12	
クエン酸	2 kg				2
氷酢酸	2 l				2
アルコール	6.75 l (5.4 kg)				
(計)	270 kg				
一段調味シロウリ	1,080 kg	43.2*	6.48*	31.32*	3.24*
製造総量	1,350 kg	76.2	14.53	70.32	7.24
最大浸透量		5.6%	1.08%	5.2%	0.54%
実質浸透量（×0.8）**		4.5%	0.86%	4.2%	0.43%

* 1,080 kg × 一段調味最大浸透%．
** 一段調味，二段調味を通じて，おおむね最大浸透量の 80% が野菜に浸透．

3.2 調味料の風味主体の漬物，古漬

図3.6 養肝漬

漬とも呼ばれた．

現在の養肝漬のつくり方（宮崎屋）は次の通りである．6月から8月にかけて収穫したシロウリのワタを機械でくり抜く．このとき，後で刻み野菜を入れるので，両切りせずにツル側の片端から穴をあけて種子を除く．処理したウリを塩漬けし，最終濃度20%の塩度として年間貯蔵し，3カ月以上たったものを調味加工する．醤油を主体とした調味液に数回漬け替えて旨味をのせていき，最後の漬け替え前にダイコン，赤ンソの葉，ンソの実，ショウガなどを刻んだものを詰物とする．　　　　　　　　　　　　　　　　　　　　　　　　　　　〔橋本俊郎〕

文　献
1) 前田安彦 (2002)．漬物学―その化学と製造技術，幸書房．
2) 日本伝統食品研究会編 (2007)．日本の伝統食品事典，朝倉書店．

3.2.2 釜飯の素

調味食品である釜飯の素には2種類ある．先行した「調理済み具材型」の平袋に入ったものと，「別添調味液型」のボリューム感のあるものである．前者は醤油色がかって色が暗く，後者はキノコ，山菜の脱塩品を食塩水とともにパックしており，醤油は別添なので明るい色調がさえて新鮮感がある．

a. 調味済具材型

12×16 cm くらいのレトルトパウチに，具材と調味液の混合物 130〜160 g を入れ密封，加熱殺菌したものである．キノコ，山菜が主な具材だが，エビ，サケ，イカなど動物性の具材を使ったものもある．この場合当然レトルト加熱殺菌が要求されるので，小袋包装は耐熱性のあるレトルトパウチに密封し，中心温度 120 ℃で 4 分加熱殺菌する．この種の釜飯の素は漬物から大きく離れ，油脂の使用も多い．包装の表示によると「釜飯の素」の食塩は 10 g で 3 合用とあるが，3 合の飯は約 1 kg であるので食べるときの食塩は 1％になる．平均的な日本人が食べる味噌汁，すまし汁，雑煮の汁，釜飯などの塩度は 0.8％ほどが多く，減塩志向で 0.7％のものもあるので，やや塩分が強いといえる．この型は大手企業の製品が多く，釜飯としては濃厚味である．

b. 別添調味液型

具材はタケノコ，ワラビ，シイタケ，ニンジン，コンニャクなどが多い．2.8％の塩度にして 150 g を小袋に入れ，同じ塩度の食塩水 100 g を入れてシールし，加熱処理しておく．一方で醤油 80％，全糖 4％，うま味調味料 6％，食塩 10％の別添調味液を作成しておき，小袋に 50 g を密封，加熱処理しておく．米 3 合を通常の 15％減くらいの水加減にしておいて，水を切った具材と別添調味液を入れ炊飯する．この条件だと，炊き上がりでは食塩 0.8％，糖 0.11％，うま味調味料 0.3％になる．製造ポイントとしては，炊飯後の食塩を 0.8％にするところにある．

3.2.3 酢漬

『斉民要術』には，烏梅汁（梅酢）にウリ，ミョウガを漬けた「調味酢漬」の酢漬菜と，野菜に穀物を加えて塩漬けし乳酸を生成させた醃酢菜の菹，すなわち「発酵漬物」が出てくる．現在の漬物もこの分類を守っており，酢漬といえば野菜を食酢，クエン酸などの酸味料に漬けた調味酢漬を指す．

塩蔵野菜を脱塩し，調味液に浸漬してつくる古漬のラッキョウ漬，ショウガ漬などが主体になっているが，葉付のショウガ，収穫したラッキョウを軽く塩漬けした浅漬もある．

a. ラッキョウ漬

ラッキョウには食物繊維が 6.6％含まれており，抗菌・血小板凝集阻害作用を

もつスルフェン酸，ジスルフィド，トリスルフィドなどの硫黄化合物も含まれる．硫黄化合物の効果としては，アリル基をもちアリシンを生成するニンニクが最も強いが，メチル基をもつラッキョウも近い効果を示す．

ラッキョウ漬の生産量は年間3万トンで，国民1人あたり年間50粒を食べている計算になる．産地としては，福井県三里浜，宮崎県都城，鳥取砂丘などが挙げられる（1.3.1項参照）．

製造工程には，塩蔵，調整，塩抜き，味付けがある．まずラッキョウに食塩をまぶし，玉が完全に隠れるまで差し水して塩度10～12%にすると，乳酸発酵が起こり山のような泡を生じる．この発酵によってラッキョウに10%前後含まれる糖の一部が乳酸に変わり，糖による褐変を防ぎラッキョウ漬を白くするとともにアクが抜ける．発泡が停止したら容器のまま冷蔵庫に貯蔵する．これが塩蔵ラッキョウで，現在は国内生産以外に中国浙江省，湖南省からも大量に輸入されている．

塩蔵した大玉・花ラッキョウは，太鼓切りといって正方形になるように短く切り，中型の場合は俗に田舎切りといってやや首を長く切ってから脱塩する．キュウリ・ダイコンのように完全脱塩するわけでなく，何枚も重なった鱗茎の切断面からしか塩が抜けていかないので，1～2昼夜かけて塩度12%以上から4%まで下げる．これを調味液に浸して味をつけるが，同じく切断面からしか調味液が浸透しないので，2～3週間かけて味を浸み込ませる．赤ワインにラッキョウを漬けるワインラッキョウでは，とくに浸み方がよくわかる．定番の甘酢ラッキョウを基本として，醤油を使うたまりラッキョウ，輪切りトウガラシを少し入れるピリ辛ラッキョウ，レモン汁を入れたレモンラッキョウなどいろいろな種類がある．

甘酢ラッキョウは，乳酸発酵の香りが特徴であり売りでもある．したがって脱塩後，すぐに糖分30%，酢酸とクエン酸の合計が1%になる調味液に浸す（業務用醸造酢は酢酸を10%含むので，0.5%にするには調味液全体の5%分を加える）．レモンラッキョウではレモン果汁の香りを活かすため，脱塩ラッキョウを酸溶液に1回浸す（さらし工程）．

甘酢ラッキョウ，ピリ辛ラッキョウ，ワインラッキョウに欠けている醤油，うま味調味料のような窒素系の味を補ったのが，醤油系のたまりラッキョウである．甘酢ラッキョウが漬け上がったところで2～3%の醤油を加えた軽快な味のものと，甘酢ラッキョウをたまり味噌床に漬け直した醸造香豊かな重厚なものがある．醤

油系ラッキョウは歴史が古く，原型を野田の「けとばし漬」にみることができる．醤油の産地である野田では，樽にわずかに残った醤油中にラッキョウを入れ，栓をして転がしておくと人が来て通るたびに蹴とばし，結果としてラッキョウが漬かったという．

ラッキョウ漬の良否は，サイズが揃っているかどうかと，注入液が清澄かどうかで判別できる．小袋は密封して加熱処理（80℃，20分）をするので，袋に詰めてからの細菌や酵母の生育はないものとしてよい．注入液がわずかにでも濁っているならば，微生物は1g中に10^6，すなわち100万ほどもいることになる．

b. ショウガ漬

ショウガは薬味として用いられるだけでなく，甘酢ショウガ（ガリ），紅ショウガ，筆ショウガ（ハジカミ），新ショウガ，最近では刻みショウガ醤油漬など，漬物も数多く生産量も年間6万トンを数える．

ショウガは，千葉，泉州，高知，長野などの国産品を除くと，タイ，中国，台湾から入ってくるものが多い．暑いところでつくった方がふっくらとみずみずしくなり，その筋っぽくない組織の軟らかさが生命線となる漬物がガリ，すなわち甘酢生姜である．結晶性のジンゲロン，揮発性のショウガオールという辛味成分のほどよい辛さと甘味が調和し，寿司の付け合わせになる．

塩蔵された輸入ショウガを水の流れる切断機でスライスし（これが塩抜きを兼ね食塩3％になる），調味液を入れてあるポリ袋に投入すれば完成する．製品は食塩2％，酸1％，甘味15％の成分値になっている．砂糖を使うと取り出した後傷みが早いため，甘味にはサッカリンが使われることが多いが，かつて安全性に懸念をもたれたこともあり，アセスルファムカリウムやスクラロースの併用もみられる．また，あまり甘くすると寿司を負かしてしまうし，浸透圧でショウガにしわがよることもある．以前は合成着色料も使用されていたが，これを嫌う人も多く，近年は着色しない白ガリが増えた．

以前は江戸前のにぎり寿司はガリ，関西のバッテラ，姿寿司は紅ショウガと使い分けられていたが，今は関西でもガリが付き，紅ショウガは稲荷寿司とちらし寿司の一部に使われるだけとなった．しかし新たに牛丼，ソース焼きそば，冷やし中華，お好み焼きなどの付け合わせとして新販路を開き，ショウガ消費の増加に資している．その紅ショウガは塩蔵ショウガを着色した有機酸の液に漬けただ

けのもので，塊状，スライス，千本切り，みじん切りと様々な形がある．成分値は，食塩 8%，酸 1%，合成着色料 0.05% である．

　紅ショウガは伝統的にうま味調味料を使わない，日本では珍しい単純酢漬の漬物であるが，同じ形状の漬物で開発時の名前を「しゃれ味タイプ」というものもある．これは赤色 102 号を 0.01% 使った淡色のもので，うま味調味料を 0.8% 添加した調味酢液に漬ける．

　ショウガは古文書にはハジカミあるいはクレノハジカミとあり，「端赤み」の意である．現在のハジカミは小ショウガを横に張らせてつくり，頭の部分を整形し軸つきで甘酢につけたもので，筆ショウガ，棒ショウガ，谷中ショウガとも呼ばれる．

　'谷中'，'金時' 系の小ショウガを，畑に 50 cm の溝を掘って底に置き，芽の伸長とともに土をかぶせてゆき軟化栽培する．十分にほうき状に伸びたところで収穫し，上部 3 分の 1 をよく洗って塩漬けした上で同等の差し水をし，食塩 6%，クエン酸 1% になるように漬ける．このようにした「ショウガ全体がハジカミ」のような漬物は，「新ショウガ」の名で 30 年ほど前から見掛けるようになった．淡いピンクの液の中に浮かぶ淡赤色の新ショウガは人気になったため，金茶色に着色した味噌漬風，甘酢漬，ソーダ風味などいろいろなものが見られるようになっている．新ショウガの調味酢漬は食塩 4.5%，うま味調味料 0.8%，酸 0.9% あたりの分析値のものが多い．関西では天ぷらにして食べることもある．

　ショウガ漬にはこのほか，味噌漬と刻み漬があるが，酢漬ではないのでショウガ刻み醤油漬にだけ触れておく．これは甘酢ショウガ，紅ショウガ，新ショウガ，味噌漬に続く 5 番手として 2010 年に誕生したもので，比較的味のうすい「おかずショウガ」，かつおぶしと混ぜた「おかかショウガ」，甘露煮感覚の「おにぎりショウガ」などがある．

c． さくら漬

　大型の三浦ダイコン，都ダイコンの塩蔵品を厚さ 5〜6 cm に切ってから縦にスライスすると，維管束が白く縦に並ぶ．この板状のダイコンを短冊型に切って淡いピンク色の調味液に浸したものが，弁当，業務用漬物として生産量が多いさくら漬である．食塩 4.5%，酸 0.8%，うま味調味料 1.5%，赤色 106 号 0.001% の調味液に脱塩，圧搾したダイコンを漬けただけの単純な製品であるが，うま味，

酸味, 歯切れ, そして外観が整っており, 安価で品質がよい.

　さくら漬は本来, 八重桜を白梅酢で洗って強い塩に漬けた後に乾燥した, 祝いの席の桜湯に使われるものを指していた. その後, 滋賀県の日野菜漬を塩漬けしてから短冊型に切り, うま味調味料, 酸の調味液に浸したものがさくら漬として売られるようになる. この日野菜漬のさくら漬の不足によって, 安価なダイコンでつくったものが量産されるようになったのである.

d. しば漬風調味酢漬

　しば漬はもともと乳酸発酵の京漬物であったが, いつの間にかキュウリ, ナス, シソの葉, ミョウガの塩漬を脱塩して調味酢漬したものが普及し, 本来のしば漬は「生しば漬」と名乗らなければならなくなった. 世間でしば漬と思われている漬物は, 正しくは「しば漬風調味酢漬」である. 塩蔵品を脱塩して, キュウリ, ナスは圧搾し, シソの葉を加えて, 最終野菜配合がキュウリ60％, ナス17％, ミョウガ15％, ショウガ5％, シソの葉3％になるようにして調味液に浸漬する. 調味液には醤油を使わないうま味調味料タイプと, 醤油, うま味調味料併用タイプの2系統がある. 前者は食塩4.5％, うま味調味料1.5％, 酸0.8％になるように, 後者は食塩4.5％, 醤油・アミノ酸液10％, うま味調味料1％, 酸1％になるように調整する. 色調は, 大部分の製品が赤色106号を使って強い紫赤色にしている. ミョウガを多用すること, ショウガは脱塩しても強い風味をもつので少量に抑えること, 一般の調味漬ではキュウリの脱塩後の圧搾は40％だが, この漬物だけは強圧搾の30％にすること, という3点に留意すると良品になる. たいていの漬物にはそれぞれにシェアのかなりの部分を占める企業があるが, この漬物では突出した企業がないというのも特徴である.

e. 赤カブ漬

　わが国には多種多様な赤カブがある. 例を挙げると, 北海道の大野カブ, 青森の笊石カブ, 筒井カブ, 豊蒔カブ, 最上カブ, 岩手の遠野カブ, 南部赤カブ, 山形庄内の温海カブ, 長野の開田カブ, 諏訪紅カブ, 長野赤カブ, 福井の河内赤カブ, 岐阜の飛騨紅カブ, 白川紅カブ, 滋賀の万木カブ, 日野菜カブ, 島根の津田紅カブ, 飯島カブ, 愛媛の伊予緋カブなどである. そのほとんどは, 低塩で漬けた後に食酢やクエン酸などの調味料で味付けした漬物になる. かつては塩漬けして乳酸発酵したものもみられたが, 今では岐阜高山の飛騨カブのごく一部にしか

乳酸発酵漬物は残っていない．

　赤カブは皮が赤く果肉は白いが，酢漬にすると赤くなってくる．これは，白い部分に含まれる無色のロイコアントシアニジンが，酸によって赤いアントシアニジンに変わることによる．

　山形庄内の温海カブは焼畑農業で栽培され，100〜150 g の根部だけをそのまま，あるいは刻んで 7％の食塩を使って塩漬けする．漬けた後には隙間ができるので，7％の食塩水をカブ重量の 2 割差し水して重石をする．3 日間の漬け込みで 5％の塩度の塩漬赤カブができるので，袋に 200 g を入れ，食塩 2.5％，うま味調味料 0.1％，糖分 15％，酸 0.5％に調整した注入液をカブ重量の 40％量注入する．袋を密封して 0℃の氷槽に 1 時間浸した後，発泡スチロールの箱に入れ出荷する．

　愛媛県松山市や伊予市中山町周辺でつくられる伊予緋カブは 1 球 250 g くらいの赤紫色の丸カブであり，9 月中旬に播種し 11 月下旬から 12 月中旬に収穫する．加工形態には丸のままと刻みとがあって，いずれも 10 kg あたり 600 g の食塩で 3 日間一次漬けし，仕上がり塩度が 5％になる．ついでスダチ果汁（酸度 5％）1 l，食酢（酸度 5％）1 l，砂糖 1.5 kg の調味液に二次漬けして 5 日間熟成し，赤い汁とともに袋に入れ密封して 80℃，20 分間加熱する．製品は食塩 3.5％，酸 0.8％，砂糖 13％となり，完全な甘酢漬である．

f. ピクルス

　キュウリを乳酸発酵した後，袋詰めもしくは瓶詰めにし，調味液を入れ加熱処理して密封したものである．酸・糖・スパイスで調味したスイートピクルスと，酸・スパイスのみのディルピクルスがある．ピクルス用のキュウリには，圧しても完全に復元するアーリールシアン系を使う．サイズは 8〜20 g のミジット，25〜30 g のガーキンス，さらにメジウム，ラージとあるが，日本では後者 2 つはあまり見ない．コルニッションという表記もあるが，これは小さいキュウリの意である．

　製造工程は塩漬け・乳酸発酵，調味液注入，加熱殺菌の 3 段階になる．キュウリ 10 kg に 16％食塩水 10 l を加え，容器の中で軽い重石をして 3 カ月発酵させる．このとき，容器はシートで覆って産膜酵母の発生を防ぐ．発酵時に酸が 1％ほど生成する．小袋または瓶に洗った発酵キュウリを入れ，同量の調味液を入れて密封し，90℃，20 分の加熱殺菌をする．注入液はスイートピクルスなら食塩 2.5％，

全糖13%,酸1%,ディルピクルスは食塩1.8%,全糖2%,酸0.5%になるようにし,これにスパイスを加える.

ピクルススパイスは,調合したものが市販されているのでそれを使えばよい.一例を示すと,エスビー食品の製品にはマスタード,オールスパイス,コリアンダー,クローブ,シナモン,ベイリーブス,赤トウガラシ,黒コショウ,カルダモンが使われている.スパイスは総量の1%程度使う.

ヨーロッパの漬物で,ピクルスと並んでよく食べられるのはサワークラウトであるが,乳酸発酵漬物であるため詳細は3.8.3項で述べる.緑のキャベツでつくるときは大型タンクで発酵法を用いるが,レッドキャベツを使った赤サワークラウトは,一般に刻み赤キャベツの塩漬に調味液を加える酢漬のテクニックを使っていることが多い.

〔前田安彦〕

❖ 3.3 粕　　漬 ❖

粕漬は古く『延喜式』に記述があるが,清酒を搾ったいわゆる酒粕が登場するのは,酒の主流が濁酒から清酒に移ってからのことである.また酒粕が出現しても,酒粕自体がでんぷんが多く甘味の少ないこと,アルコールがやや不足(6〜8%)していることという2つの味覚上の欠点を修正する必要があり,現在の粕漬にするには苦労したと思われる.その解決法として,酒粕の熟成が行われるようになっている.冬仕込みの清酒の絞りかすを2月に桶に踏み込んで6カ月熟成させ,でんぷんを糖化し糖分を6%まで増やすと同時に,35%の焼酎を粕100kgあたり20l加えてアルコール濃度を10%まで上げつつ,粕自体を適度な硬さにする.このようにした熟成粕ができれば,これを使って奈良漬,わさび漬,山海漬の製造を行うことができる.

3.3.1 奈良漬

奈良漬はその名の通り奈良が発祥の地といわれ,猿沢池畔には元祖奈良漬の看板が見られたりするが,今では清酒の産地である兵庫の灘五郷や,守口ダイコンが近くでとれる名古屋で多くつくられている.近年人気が落ちてきてはいるが,なお年間3.5万トンつくられており,単価も高いので流通額としては上位の漬物

である.

　奈良漬は塩漬野菜を酒粕に漬けたものだが，その酒粕を数回新しいものに取り替える（漬け替え）ことによって食塩を徐々に酒粕中に移し，逆に酒粕の糖分，アルコールを野菜に浸み込ませて風味を出すところに特色がある．代表的な素材はシロウリと守口ダイコンだが，その他キュウリ，小型メロン，桜島ダイコンからセロリ，ヒョウタンまである．漬物の日本農林規格（JAS）は種類別につくられているが，数値がよく示されているのは奈良漬であり，糖用屈折計示度35度以上，アルコール3.5%以上，食塩8%以下となっている．市販品では，おおむね食塩3〜5%，全糖20〜30%，アルコール4〜5%の成分値である．糖分とアルコールが多く浸透圧が高いので保存性がよく，小袋詰の製品でも普通は加熱処理しない．

　奈良漬に多く含まれるアルコールは，熟成過程で酒と似た挙動を示す．漬け替えている間にアルコールとウリの水分がまとまって塊（クラスター）を形成することで，水でもアルコールでもない性質を示すようになり，熟成感すなわちアルコールを感じなくなるのである．製品になって1カ月程度はクラスター状態が持続するが，その後徐々に分離してアルコールを強く感じるようになり，風味は劣化する.

　育種の分野において日本のダイコンの評価は国際的に高く，直径3cm，長さ120〜150cm，首から先端まで同じ太さの守口ダイコンと，直径25cm，重さ8kg，最大で45kgに達するという桜島ダイコンの2つは，遺伝学における日本の貢献といわれている．日本の誇るこの両ダイコンは，ほぼ奈良漬としてしか我々の口には入らない．名古屋では樽の中に輪のように守口ダイコンと酒粕が漬け込んである「守口漬」が，鹿児島では桜島ダイコンを輪切りにしたのち3〜4片にして粕に漬けた「薩摩漬，鹿児島漬」が手に入る．

3.3.2　ワサビ漬

　今から約250年前の宝暦年間，静岡県の有東木地域でつくられていたワサビの茎のぬか漬を駿府の商人が研究し，酒粕に置き替えたのがワサビ漬と伝えられている．ワサビ漬の製造は難しくなく，茎葉を刻んで10%の食塩で1日漬け，翌日に根部を生のまま切断したものと合わせて酒粕に練り上げれば完成する．JASで

表 3.13 ワサビ漬の配合%

内容物	JAS 製品	並級品
塩漬ワサビ葉柄	33	10
細刻生ワサビ	10	4
砂糖	6	6
アリル辛子油	0.1	—
辛子粉	—	3
グル曹	0.3	0.5
酒粕	50.6	76.5

は，固形物の割合がワサビの根茎のみ使用なら20%以上，根茎と葉柄の併用なら35%以上（そのうち5%は根茎を含む），成分はアルコール2.5%以上となっている．

ワサビ漬の生産地は静岡，長野，奥多摩である．市販品の分析値は，固形物割合42〜53%，食塩2〜3%，全糖12〜17%，アルコール4〜6%となっている．固形物の上限は55%で，ワサビの割合が多ければ良品というわけではなく，多すぎると舌触りがよくない．うま味成分となる遊離アミノ酸は酒粕自体に4.1%程度含まれ，ワサビ自体の遊離アミノ酸は低いので，一般にワサビの混和率が大きいほど低くなる傾向にある．表3.13に，ワサビ漬の配合%を示す．

ワサビ漬の辛味成分はアリル辛子油であり，トウガラシの辛味カプサイシンと異なり揮発性である上に水で分解される．したがって，ワサビ漬は賞味期限内で食べきらないと風味が落ちる．

ワサビ漬には野菜ワサビ漬，クラゲワサビ漬，ウニワサビ漬，数の子ワサビ漬などもあり，これらも合わせて年間1万トンがつくられている．

3.3.3 山海漬

山海漬は数の子と刻んだ野菜を酒粕で漬けたもので，酒粕の甘さと辛味，数の子の歯応えが特徴である．昭和初期に長野県で開発され新潟県でもつくられるようになり，高価だった数の子の輸入が増加したため現在の盛況をみるに至った．熟成した酒粕を使うところは奈良漬と同じだが，食べるときに酒粕を落とす奈良漬と異なり，ワサビ漬と同じく酒粕も食べる．熟成させると酒粕が褐色化してくるので，美観のため冷蔵庫熟成の白い粕を使うことが多い．また，酒粕の代わりにワサビ漬を使ったものが，「数の子わさび」という名前で全国に普及している．

山海漬の配合は種々あり，一例としては酒粕33％，数の子37％，細刻キュウリ11％，細刻ダイコン19％である．キュウリ，ダイコンは奈良漬を使う場合もあるが全体の色調が暗くなるので，塩蔵品を脱塩し圧搾したものを砂糖30％，アミノ酸液5％，食塩2％の水溶液に24時間浸して使うこともある．辛味としてイソチオシアネートを添加するが，水で分解してしまうので0.2～1％を使う．強めの辛味を添加してから撹拌機に入れ，一晩撹拌熟成したのち十分換気してから包装作業に移るとよい． 〔前田安彦〕

❁ 3.4 たくあん ❁

3.4.1 概 論

 慶長，元和，寛永と江戸時代が続き世相が安定するにつれ，米を精米して食べるようになり，米ぬかが出るようになった．徳川家光が東海寺を訪れ沢庵和尚から漬物をふるまわれた（1.1.4項参照）時期は，その米ぬかを加えたダイコン漬が生まれた時期で，旧来のダイコン漬「須々保利」（1.1.3項参照）から移行しつつある頃であっただろう．たくあん漬の実際の発明者は不明だが，名声を高めたのは沢庵だといえる．

 たくあんは，長らく乾燥ダイコンでつくるものだった．雪国でつくる「いぶりがっこ」などがよい例で，ダイコンを囲炉裏で干してから漬ける．一方現在では，塩で脱水したダイコンを使う「塩押したくあん」が主流になっている．塩押したくあんの起源は，かつて満州で寒くてダイコンが干せないので開発されたとも，明治末期に奈良の高橋元吉が美濃早生ダイコンを生のまま漬け込むことを創案し

表3.14 昭和11年頃のわが国のたくあんの出荷時期と著名産地[1]

6月	仙台地方
7月	沼津地方
9月	長野
9月末～12月	大和
10～11月	愛知
11月以降	東京練馬地方
12月～	伊勢・阿波
1月～	広島江田島・山口

たともいわれている．後者の説は，昭和11（1936）年の園芸雑誌『実際園芸』に高橋氏が自分で書いており，当時のたくあんの出荷時期と著名産地（表3.14），埼玉の練馬ダイコンの干したくあんに関する記事などがあって興味深い．

乾燥ダイコンを使った「干したくあん」，塩押しダイコンを使った「塩押したくあん」の2種のほか，最近は減ったが「早漬たくあん」というものもある．北海道，和歌山，愛知，浜松などで漬けられており，'みの早生'や紀ノ川ダイコンを使う．まず初日に一押しし，2日目に二押しして，その後樽に配合白ふすまとともに漬けて出荷する．樽取り3日目のダイコンを取り出して，都合5日目に食べられる．「北海道早漬」，「浜松ふすま漬」，「紀ノ川漬」などの名で発売され一時流行したが，袋詰めたくあんの普及や，ダイコン産地の広域化で特徴が薄れ消えていった．これに代わって砂糖しぼりダイコンという浅漬系ダイコン漬が出現し，現在に至っている．

3.4.2 たくあん原木と調味

『四季漬物塩嘉言』では，「たくあんは四斗樽（72ℓ）を用い乾大根，食塩・米ぬか合計1斗を使ってつくる」とある．当時の食塩1升は重量1,500 g（現在は1,950 g），米ぬか1升は470 g（現在は530 g）である．塩とぬかの合計1斗は，3月に食べるならば塩3升，米ぬか7升など，食べる月の数字を食塩割合としていたとされる．可食期が来れば取り出して1本ずつ販売したり，商家では店員に供したりしていた．表3.15に，干したくあんの現在の漬け込み配合表を示す．

昭和40年代以降，プラスチック包装，加熱殺菌が実用化され，樽から取り出した「たくあん漬」をそのまま食べる人は減少した．今では90％以上が，漬けたも

表3.15　干したくあん漬け込み配合表（2 m³タンク元漬）

	出荷期	乾燥ダイコン（トン）	食塩（kg）	米ぬか（kg）	原木塩度（％）
5 kg 塩*	4月	4.5	320	150	6
8 kg 塩	6月	4.5	520	150	9
10 kg 塩**	7月以降	4.5	650	150	12
13 kg 塩	海外原料	4.5	840	150	15

*4斗樽1本あたりの食塩量で示してある原木下漬けの基準的配合．
**冷暗所の室温漬け込みの配合．温度のやや高い場合に，酸敗のおそれがある．

のを別に調味した後袋詰めして，80℃，20分の湯浴で加熱処理してから販売されている．これが調味たくあんで，樽から取り出したままの「たくあん」は現在は「原木」と呼ばれるようになっている．たくあんに限らず，ウメ漬物の梅干，梅漬（カリカリ梅を含む）も同様に調味梅干，調味梅漬になっていて，「何もしていない梅干」の入手は困難になっている．

調味たくあんが主流になると，味付けによって種々のものがつくられるようになった．かつおぶしをまぶした「かつお風味」，酸味をつけた「梅風味」，しその香りをのせた「しそ風味」，塩押したくあんでは「たまり風味」，「醤油風味」などで，醤油味の「炉ばた漬」など知名度の高いものもある．また使われるダイコンも，干したくあんの'干し理想'，'阿波晩生'，復活しつつある伊勢たくあんの'御園'など多岐にわたる．また'練馬'は皮が硬いので山川漬に用いられる．塩押したくあんでは前述の'みの早生'のほか，秋に塩蔵して貯える塩押し本漬と呼ばれるものには'理想'，'新八州'，'秋まさり'が多く使われる．長いたくあん以外にも，丸い聖護院ダイコンを使う「カブたくあん」もある．表3.16に調味の例を示す．

調味方法は干したくあん，塩押したくあんのどちらもほとんど同じで，洗った原木を0.5～1トン程度の容量の「ナベトロ」と呼ばれる容器に隙間なく並べ，調

表3.16 干したくあん調味処方

調味処方		食塩(kg)	糖(kg)	酸(kg)
砂糖	11.7 kg		11.7	
異性化液糖	11 kg		11.0	
グル曹	1.68 kg			
高酸度食酢（酢酸10%）	4.21			0.42
アルコール	2.11 (1.7 kg)			
70%ソルビット液	6.3 kg		2.5	
水	33.421			
(計)	70 kg			
低塩下漬けたくあん原木(洗浄後の塩度5.5%)	140 kg	7.7		
合計	210 kg	7.7	25.2	0.42
最終成分		3.7%	12%	0.2%

〔その他の最終成分〕グル曹0.8%，アルコール1%．

味液を浸るまで加えて冷蔵庫に移し，3〜5日味を染み込ませる．たくあんも近年は低塩のため，冷蔵庫に入れる必要があり，冷蔵庫に収納して需要に応じて取り出して加工する工程を「低温下漬け」と呼ぶ．これは漬物が低塩化してから多くなった工程で，種々の野菜の塩蔵に使われている．

3.4.3 たくあんの臭い，色

ダイコンをぬか漬けすると，まずエタノール，乳酸，酢酸が生成する．このエタノールは風味の重要成分になるため，調味たくあんには0.5〜1%のエタノールが必ず加えられる．同時に発酵生産物として酢酸エチル，乳酸エチルを生成し，これがたくあん漬け込み容器やタンクでは軽快な香りとして感じられる．あわせて辛味成分4-メチルチオ-3-ブテニルイソチオシアネートのCH_3S部分が切れてメチルメルカプタンを生成し，硫黄臭を発する．このメチルメルカプタン，ジメチルジスルフィドは種々の反応でスルフィネート，チオールスルフィネート，スルフォン，トリスルフィドなどになり，これが強いたくあん臭になる．表3.17にたくあんの臭い関連化合物を示す．たくあんの臭いはかつては生活臭だったが今は悪臭ととられるので，メーカーでは冷蔵庫漬け込みで化学反応を遅くしたり，60℃，20分の湯浴で「ガス抜き」と称して臭いを飛ばしたりしている．ガス抜きが弱いと加熱殺菌時に袋が膨れ上がることもあるため，必須の工程になっている．

表3.17 たくあんの臭いの関連化合物

ダイコン辛味成分	4-メチルチオ-3-ブテニルイソチオシアネート $CH_3 \cdot S \cdot CH : (CH_2)_2 NCS$
たくあん発酵生産物	エタノール 乳酸 酢酸
その重合物	酢酸エチル，乳酸エチル
漬け込み生産物（低温）	メチルメルカプタン　CH_3SH ジメチルジスルフィド　CH_3SSCH_3
漬け込み生産物（室温）	エチルメタンスルフィネート　$CH_3S(O)OC_2H_5$ ジメチルチオスルフィネート　$CH_3S(O)SCH_3$ メチルメタンチオールスルフィネート　$CH_3SO_2SCH_3$ メチルスルフィニールメチルスルフォン　$CH_3SO_2S(O)CH_3$ ジメチルトリスルフィド　CH_3SSSCH_3 ジメチルトリスルフィドモノスルホキサイド　$CH_3SS(O)SCH_3$

たくあんの黄色は，ダイコンに含まれるイソチオシアネートがメチルメルカプタンを生成した後，複雑な化学反応でつくられる黄色色素による（2.2.1項参照）．黄変色素はPTCC，TMPTであるが，光に弱いため袋詰めたくあんを店頭に置くと表側だけが退色することがある．このため，市販袋詰めたくあんは合成着色料の黄色4号0.01%（対製造総量）や，天然着色料のベニバナ黄色素0.03%，クチナシ色素0.03%で着色することも多い．　　　　　　　　　　　　　　　〔前田安彦〕

文　　献
1)　高橋元吉（1936）．実際園芸，**21**，726-729．

3.4.4　塩押したくあん，東北のたくあん
a.　早漬，砂糖しぼり，紀ノ川
1)　早　漬

長野県の信州早漬たくあんは昭和初期に一世を風靡したが，20年余りで衰微した．長野全域で栽培された'みの早生'の高原ダイコンを用いたたくあんで，下漬けを1週間し，その後砂糖分を加味した本漬けを行い，5日目の後から食べられるようになる．みずみずしい新鮮ダイコンをそのまま漬ける浅漬タイプのものから，少し干して甘味が増してから漬けるものまであった．

昔は信州が有名だったが，現在は北海道へと産地が広がっている．北海道や信州などの冷涼な気候で育ったダイコンの新鮮さを生かした漬物である．

2)　砂糖しぼり

ダイコン浅漬の一種であり，ダイコンを塩蔵してから液糖を含む調味液を加えて漬けることで，糖の浸透圧（脱水力）を利用して干しダイコンのようにしわの寄った（搾った）状態にするところからこの名が付いた．グリーンの葉茎とダイコンの白色とのコントラスト，あっさりとした軽快な味で人気を博している．またこの砂糖しぼりの手法を，サイコロ切りにしたカクトウギ製造へ応用して成功を収めている例もある．

品種としては'T-340'，'文月'，'青みの3号'，'耐病総太り'などが多く使われ，いずれも栽培日数は60日程度である．製造工程は，まず葉茎を3cmほど残したダイコンを水洗し，食塩6%を加えて生ダイコンの2.7倍重となる重石を

のせて3日間下漬けする．その後冷蔵庫に移し，下漬けダイコン量の半量の液糖・うま味調味料液を加えて6日間漬ける（砂糖しぼり）．袋詰めし，0℃で1時間冷水浴させてから氷冷ボックスで出荷する．

3) 紀ノ川漬

肉質が軟らかく，うま味，糖分が高い紀州ダイコンを使用した漬物である．紀州ダイコンは，「白上り京ダイコン→天満ダイコン→和歌山ダイコン→紀州ダイコン（白ダイコン）」という系統で生まれた品種であり，丸尻円筒形で肥大が早く肉質緻密で軟らかく，漬物用として一世を風靡したダイコンである．一時山陰や北陸地方の海岸砂地地帯に山地が移っていたが，現在地元ではJAわかやまを中心に，土壌と水に合った風合い豊かな漬物として，復活を目指して取り組んでいる．

「紀ノ川漬」の販売開始は昭和37年とされる．皮をむかずに下漬け（塩漬け）をした後，ふすまの漬け床に漬け込み薄味で仕上げたダイコン漬で，早漬たくあん，白漬たくあんの祖ともいわれている．

b. いぶりがっこ，新漬たくあん

1) いぶりがっこ

ダイコンをスモーク乾燥してからぬか漬にするいぶりがっこは，秋田県を代表する漬物である．この「がっこ」とは，秋田弁で漬物のことである．

燻煙乾燥という独特の乾燥法で風味に特色のあるいぶりがっこは，秋田県の気候・風土が育んだ漬物ともいえる．晩秋から初冬にかけて晴天が少なく，天日乾燥法による干しダイコンには不向きなため，囲炉裏火の余熱でダイコンを乾燥したのが起源といわれている．燻煙材料は天然材の栖，桜などで，一かま，一張りなどという単位が用いられており，一かまは5尺（縦）×5尺（横）×3尺（長さ）である．スモーク開始から一気に温度を上げ，65℃（中心温度は50℃）を3時間保つことで「ス入り」の課題を解決しているが，この方法は普通のダイコンの乾燥でも有効である．乾燥後，食塩4％，米ぬか4％，砂糖12％で漬け込むことで，長期保存可能ないぶりがっこができる．使われる品種は'改良秋田だいこん'，'あきたいぶりこまち'などで，現在も農業試験場ではいぶり用の新規ダイコン品種が研究されている．

特徴としては，冬期間の漬け込みということで一丁漬けタイプが多く，漬け込み期間はおおむね60〜90日間である．漬け込み初期の温度が10〜15℃であれば

乳酸発酵が効果的に行われるが，10℃以下だと乳酸発酵が緩慢で酸味不足になる．漬け込んで50日前後になると，ぬか床と漬液が「ぬるぬる・どろどろ」の状態に変化する．pHの低下はまだ認められないが，この時点でほぼいぶりがっこの完成である．この段階で働いている乳酸菌は *Leuconostoc mesenteroides* であり，春になり温度が上昇すると *Lactobacillus plantarum* が酸を生成するようになってpHが低下する．その後，*L. brevis* が活動するようになると酸敗につながるので，生育を抑制するために冷蔵庫を使用し，貯蔵温度に注意を払う．

2) 新漬たくあん

たくあんの漬け方には，本漬たくあんと新漬たくあんという2つの方法がある．「一丁漬け」といわれる本漬たくあんは，11月初旬から12月中旬が収穫適期の練馬ダイコン（晩生系）を天日で干し上げ，米ぬか・塩・砂糖・調味料で直接樽に本漬けするものである．従来は出荷期に合わせて塩分を調整していたが，現在は冷蔵庫があるのでこの方法は採用されていない．これに対して新漬たくあんは，10月頃までに収穫された中生系ダイコンを塩で下漬け（荒漬け）し，その後米ぬか，塩，着色料，甘味料，調味料をよく混ぜた漬け床で本漬けをする方法で，新鮮な風味を特徴としている．早期出荷を目的とした漬け方で，たくあん需要が増大した昭和期に入って開発されたものである．新漬たくあんは現在も人気があり，パリッとした歯応えと生ダイコンの持ち味を生かした新鮮さ，塩分の少なさが好評を得ている．

かつては北海道の畑から収穫されたダイコンが5日目には市場に並ぶなど，妙味ある商品として人気を得た時期もあった．現在も，夏から初秋にかけての季節限定商品として信州から始まり，北海道，九州と産地が移動する定番の漬物となっている． 〔菅原久春〕

3.4.5 干したくあん
a. 上干したくあん

たくあんの主な生産地は九州や関東で，それぞれの産地で製法や味覚は若干異なるが，代表的なつくり方は2通りある．1つは前述の「ダイコンを塩押ししてから漬け込む」方法（塩押したくあん）で，もう1つは「干したダイコンを漬け込む」方法（干したくあん）である．干したくあんは天日で干してダイコンの水

分量を調整し，歯応えや甘味を引き出してから漬け込む昔ながらの製法で，かつては鹿児島県，宮崎県を主産地とした九州干し沢庵，愛知県渥美半島の渥美沢庵，三重県の伊勢沢庵と各地で見られたが，今では主産地は九州となっている．本項では九州の干したくあんのつくり方を紹介する．

　九州干し沢庵は，理想系の白首ダイコンを水で洗い，2本ずつ束ねて葉を縛り，やぐらに掛けて冬の寒風のもとで2週間干して水分を飛ばし軟らかく干し上げる（図3.7）．約70％程度の水分を飛ばした七分干しの状態になるとやぐらから降ろ

図3.7　ダイコンのやぐら干し

図3.8　ダイコン漬け込みの様子

3.4 たくあん

契約農家で
ダイコン栽培
・播種・生育
・収穫
・洗浄
・乾燥（やぐら干し）
・規格選別

一次加工
・干しダイコンを工場入荷
・調味ぬかに漬け込み
・低温熟成

二次加工
・ダイコン倉出し
・洗浄・選別
・冷蔵庫仕込み
・包装
・加熱殺菌
・箱詰め・出荷

図 3.9　たくあんができるまでの工程

し，サイズ，品位などを選別する．このような工程を踏むため，干し上がったダイコンは糖分やうま味が凝縮されている．また天日による乾燥のため，いわゆる天日干しの香りという独特の風味があるだけでなく，アミノ酸の一種である GABA が大量に増えることも鹿児島県技術工業センターの研究でわかってきている．

選別されたダイコンはたくあん工場に持ち込まれて，手作業で容器に漬け込まれる（図 3.8）．並べた上から塩，ぬか類（ナスの葉，甘草，トウガラシ）などとともに漬け込まれ，容器の中でゆっくりと発酵熟成されることで，独特の風味に漬け上がる．ダイコンの栽培から出荷までの工程を，図 3.9 にまとめた．

b. 山川漬

文禄・慶長年間に豊臣秀吉が行った朝鮮出兵の際に，薩摩の武士たちが保存食として農家の漬けた「唐漬」をもって行ったと伝えられている．この「唐漬」が今の山川漬にあたるとされている．

薩摩半島の南端に位置する鹿児島県指宿市山川（図 3.10）近辺の土壌は火山灰質でダイコンの栽培に適しており，12～1 月になるとダイコンをすだれのように

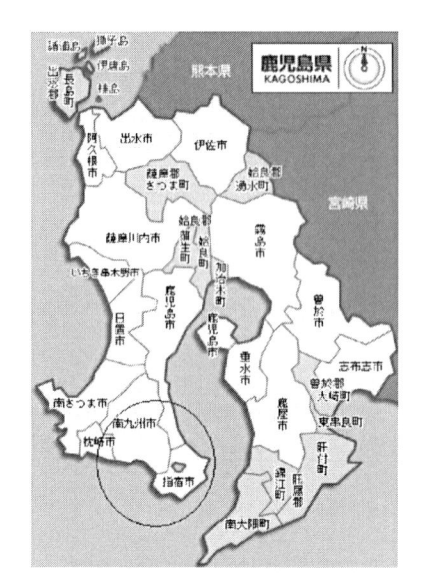

図 3.10　鹿児島県指宿市の位置　　　　　図 3.11　ダイコン干しの様子

何段にも干している光景が見られる（図 3.11）．このカラカラに乾燥させたダイコンを加工してつくるのが山川漬である．9月下旬に播種して11月下旬頃から収穫し，土付きのまま干し始める．東シナ海から吹き上げてくる寒風にさらして30〜40日干し上げた後，土を洗い流し杵でたたきながら塩をまぶしていく．舟形の木鉢の上に干したダイコンを置き，杵でしわをのばしながら塩をまぶす作業を，昔は「塩を打ち込む」と呼んだそうだ．スノコを敷いた壺に少量の塩を振りながら塩を打ち込んだダイコンを敷き詰めていき，壺いっぱいになったらビニールシートをかぶせて密封する．約1カ月後に浸み出た液を抜きとり，最低でも半年以上熟成させる．浸み出た塩水を抜いてしまうのが，山川漬の大きな特徴の1つである（図 3.12）．

c. つぼ漬

もともとは一本漬を山川漬，それを刻んだものをつぼ漬（図 3.13）と名づけて販売していたのだが，たくあんを刻んで三杯酢に漬けたものが同じつぼ漬の名前で登場し，山川漬を使ったつぼ漬よりも色がきれいであっさりしていることから一般的に定着した．一般のたくあんは塩水で漬けているのに対し，山川漬は塩水

図3.12 山川漬の製造工程
①干したダイコンに塩を打ち込む．②スノコを敷いた壺に，塩を振りかけながらダイコンを敷き詰める．③ダイコンから出た水分がスノコの下にたまるので，中央のパイプで抜き取る．④1つの壺あたりおよそ2000本のダイコンを漬け込む．

図3.13 山川漬を刻んだつぼ漬

に浸らない状態で熟成するので低塩で仕上がり，味の濃い漬物になっている．2種類の「つぼ漬」もその違いを反映している． 〔吉澤一幸〕

文　献

1) 東海漬物㈱ホームページ．全国漬物探訪第8回 鹿児島県（写真：新井由己）．

❖ 3.5 ウメ漬物 ❖

3.5.1 ウメの主な品種と産地

「東風吹かば匂いおこせよ梅の花主なしとて春な忘れそ」と菅原道真が詠んだ当時のウメは観賞用に栽培されることが多く，貴族たちはウメの銘木を邸宅に植えてその姿と香りを楽しんだ．ウメの原産地は中国，長江の中下流域で，そこから台湾，韓国，日本などの東アジアや，タイ，ベトナムなどの東南アジアへ広がったと考えられている．観賞用ウメは花ウメと呼ばれるが，早春には全国各地の庭園や公園を白，ピンク，赤の一重や八重の花で染め，訪ねた観梅客の目と鼻を楽しませている（図3.14）．花ウメの品種数は江戸時代末期に300品種を超えており，名所の1つである水戸偕楽園には100品種，3,000本の梅木が植えられている．花ウメは形態特性から野梅系，紅梅系，豊後系に大別され，花色や形の異な

図 3.14　梅花

る様々な品種がある．

　一方梅実が利用される実ウメは，花ウメの中から地域での栽培性に優れ加工適性のよいものが選別されて成立したものであり，100品種ほどが知られている．国内で最も多く栽培されている実ウメの品種は'南高'（図3.15）であり，この名称は1950年代に和歌山県みなべ町で行われた優良梅品種の選別事業において，南部高校が果たした功績にちなんでいる．南北に長い日本では，沖縄県を除くすべての地域で各地域の気候特性に適した実ウメが栽培されている．表3.18に国内で栽培されている主要な実ウメの品種，産地および2009年の収穫量を示した．実ウ

図3.15　'南高'の実

表3.18　実ウメの主な品種と収穫量（2009年）

品種	主な栽培地	収穫量（トン）
南高	和歌山	61,195
白加賀	群馬	3,576
古城	和歌山	1,344
鶯宿	徳島，奈良	816
豊後	青森，長野	946
紅サシ	福井	1,423
梅郷	群馬	337
小梅	和歌山	1,250
小粒南高	和歌山	3,427
竜峡小梅	長野	1,833
甲州小梅	山梨	585

メは果実の重量によって大別され，10g以下のものを小ウメ，それ以上のものを普通ウメと呼ぶ．前述の'南高'は，表皮が薄く肉厚で梅酒，梅干のいずれにも利用できる普通ウメ（中ウメ）である．

　梅漬・梅干は喉の渇きを抑え，食あたりを和らげ，主成分のクエン酸は活力となり，しかも食物の保存性を高めることから，鎌倉時代頃から軍需品として重用され，それに伴って梅林の開発が進んだ．和歌山県南部の梅林は江戸時代から有数の産地であったが，明治になって日清戦争や日露戦争で梅干の需要が増大しさらに広がった．また，コレラなどの疫病の流行も需要を増大させ，最近でも1996年の病原性大腸菌O-157騒ぎの際に売れ行きが急増したことは記憶に新しい．和歌山県では，'南高'のほかに青ウメで出荷される'古城'や梅干・梅漬用の'小粒南高'などの品種が栽培されており，県全体の出荷量は全国出荷量の80％以上となっている．

　関東，東北で多く栽培されている品種は'白加賀'であり，青ウメ，梅漬・梅干用および梅酒用に出荷されている．青森県では'豊後'が栽培されており，アンズ系のウメであるがアンズと異なり熟しても甘くならない．福井県で明治時代に固定化された'紅サシ'は，'南高'に似て成熟期に赤くなり種子が小さく表皮が薄い．三方五湖一帯で栽培され，梅干に加工されるほかに青ウメとしても出荷される．なお，成熟期に出現する表皮の赤色はアントシアニンであるが，塩漬け時には退色して赤色は残らない．小ウメの栽培は甲信地方が多く，長野県で'竜峡小梅'，山梨県で'甲州小梅'が栽培されており，梅干用に出荷され梅酒用にはほとんど利用されない．

　梅実の薬用・食用利用は中国，台湾および日本で行われているが，遺伝子解析によれば日本のウメは中国大陸系のウメとは差異がなく，一方台湾など南方系のウメとは異なることが明らかになっている．

3.5.2　梅漬・梅干加工における原料品質

　多くの漬物は野菜を原料としているが，梅漬・梅干の原料は果実である．また，ほとんどの果実は成熟過程で適度な糖分を蓄積するので，加工することなしに生食に供することができる．ウメも成熟期に糖分が増えるものの，完熟後の糖分量は1％以下で酸分は4〜5％残っており，生食には不向きの果実である．

3.5 ウメ漬物

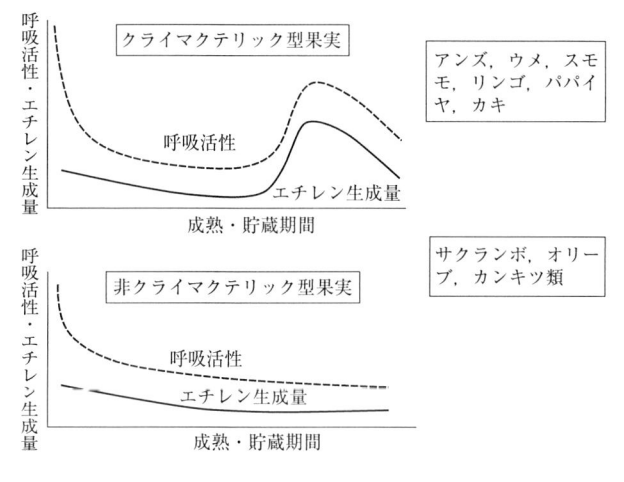

図3.16 追熟の形式と果実の種類

　成熟時にエチレンの生合成が活発になり果実の呼吸活性が一時的に上昇する果実をクライマクテリック型果実と呼ぶが，ウメは典型的なクライマクテリック型果実である（図3.16）．エチレンは植物にとって成熟ホルモンの一種であり，エチレン受容体タンパク質に結合し，成熟・老化を抑制してきたエチレン受容体の機能を喪失させて成熟・老化過程に進ませる．したがって，クライマクテリック型果実は未熟な段階で樹上からとっても，適当な温度条件下で貯蔵することにより成熟させることができる．これを追熟といい，輸入された青いバナナにエチレンをかけて黄化させる操作はまさにこの生理現象を利用したものである．追熟に伴って緑色を呈していたクロロフィルは分解し，それまで隠れていたカロチノイドやアントシアニンの黄色や赤色が出現する．未熟のときはしっかりと組織を保っていた細胞壁は，主にペクチン質が可溶化して緩み，つぶれやすい組織に変わる．酸味だけが強かった果実にショ糖や果糖が蓄積して急速に甘い果実に変わり，同時に芳香成分がつくられることとなる．

　品質の高い梅干（図3.17）をつくるためには，完熟ウメを原料とする方がよい．果実の軟化は果実内の酵素作用で起こるが，ほとんどの酵素は高濃度の食塩によってその作用が抑えられてしまう．したがって，塩漬け後の物性の変化は主に食塩の脱水作用で細胞内の水分などが抜けて張りのなくなった組織によるものであ

図 3.17 紅さし梅干

図 3.18 カリカリ梅

り，表皮を含めて全体が軟らかい梅干をつくるには，十分に熟して不溶性ペクチンの可溶化が進んだ完熟期のものがよいことになる．なお，収穫作業の関係でまだ青みの残る生ウメが入った場合は，追熟によって完熟に近い状態にさせることができる．

　一方，カリカリ梅（図 3.18）をつくる場合は梅干と違い青ウメを使う．生ウメの果実硬度の最も高い時期は，種仁部が乳白色になる硬核期であり，それを過ぎ

ると果実の肥大化に伴って硬度がしだいに低下し，完熟落下する時期には急激に軟化する．軟化したウメではペクチン全体に占める水溶性ペクチンの比率が高く，ペクチンに結合しているカルシウムも少ない．カリカリ梅の物性は細胞壁のペクチンと外部から加えられたカルシウムとの結合により形成されるので，軟化酵素が活発になる前の生ウメに食塩を加えることで追熟・老化への生理的変化を止める必要がある．塩漬け時に加えられたカルシウムは可溶性ペクチンなどと結合して不溶化し，さらにセルロースとも結合して細胞壁の組織構造を強固にする．

3.5.3 梅漬・梅干の栄養・機能性

果実の食味は甘味（糖分）と酸味（有機酸）が主役であり，それに果実特有の香りと歯触りが付与されて構成される．甘味を示す糖分はブドウ糖，果糖，ショ糖，ソルビトールなどであり，ショ糖の甘味を 1 とするとブドウ糖は 0.7，果糖は 1.3，ソルビトールは 0.6 程度の甘味を呈する．ウメはこれらのうちソルビトールを比較的多く含んでいる．

表 3.19 に梅漬・梅干に期待される栄養・機能性成分を示した．4〜5%含む酸分（有機酸）は主にクエン酸とリンゴ酸であり，完熟期のウメにはクエン酸が多い．クエン酸とリンゴ酸は TCA サイクルの主要成分なので疲労回復に効果があるとされており，またクエン酸には血流改善作用のあることが知られている．さらに，酸性度の強い梅干は食中毒菌や腐敗菌の増殖を抑える効果があり，米飯など食品の保存に用いられる．コレラの流行期などには梅干が飛ぶように売れるが，実際の効果として，クエン酸がコール酸との共存下で腸炎ビブリオやコレラ菌に対して抗菌作用を有することが見出されている．

β-カロテンは，小腸上皮細胞内で視覚の正常維持に必要なビタミン A（レチノ

表 3.19 梅漬・梅干の栄養・機能性成分

成分名	機能性
クエン酸，リンゴ酸	疲労回復，抗菌作用
ソルビトール	整腸作用
β-カロテン	ビタミン A 効果
α-トコフェロール	ビタミン E，抗酸化作用
ポリフェノール	抗酸化性，抗発がん作用

ール)に変換される成分である.日本食品標準成分表 2010 の青ウメのデータでは,可食部 100 g あたり 0.22 mg 含まれるとされているが,熟度の進展に伴って増加するので,完熟ウメを使う梅干ではより多いものと思われる.またビタミンEである α-トコフェロールは抗酸化性ビタミンとして知られ,体内で脂質の過酸化防止などの機能を担っているが,同成分表では 3.3 mg 含まれるとされている.

ウメの抗酸化性は総ポリフェノール量と強い相関があるが,成熟に伴い低下する傾向がある.'南高'や'白加賀'のポリフェノールについては,抗酸化性とアンジオテンシン I 変換酵素阻害活性(血圧上昇予防効果)が報告されている.また,ウメのポリフェノール成分には,クロロゲン酸などのヒドロキシ桂皮酸類が多い.クロロゲン酸を摂取することで胃酸の分泌が刺激されるほか,発がん抑制効果や高血圧抑制作用も有していることが明らかになっている.

青ウメ果肉を加熱して製造される梅肉エキスにはムメフラールという成分が生成されるが,マイクロチャネルアレイを利用した評価装置によって,このムメフラールは血液流動性を向上させることが認められている.また,梅肉エキスの抗変異原性についてはリノール酸,リノレン酸など不飽和脂肪酸の寄与が有力視されている上,ウメ由来のシリンガレシノールが胃内に生息するピロリ菌の移動を阻害することが報告されている.他に梅酢に含まれる抗酸化成分のリオニレシノールには,血圧上昇抑制や血清過酸化脂質上昇抑制が期待されている.

3.5.4 梅漬・梅干の低塩化と各種製品

生ウメの出荷量には豊凶差があるが,1995 年に 10 万トンの大台にのってからその前後で推移している.この中で梅漬・梅干向け出荷量は 5〜6 万トンで,梅漬・梅干の年間生産量は 4 万トン前後あり,全漬物生産量の 5% 弱を占めている.国内原料で足りない部分は,海外の塩蔵ウメが埋めている.過去 20 年間の梅漬・梅干の生産量の推移を図 3.19 に示した.

100 年以上前につくられて瓶や壺に貯蔵された梅干が,腐敗せずに発見されてニュースになることがある.漬物は発酵食品といわれているが,梅漬・梅干は原料由来の有機酸と外部から大量に加える食塩の浸透圧を利用して,ほとんどの微生物の影響を排除した漬物である.現に,梅干製造では完熟した生ウメ重量に対し,20% の食塩を加えて漬けるのが基本である.梅干製造における有害菌は,低

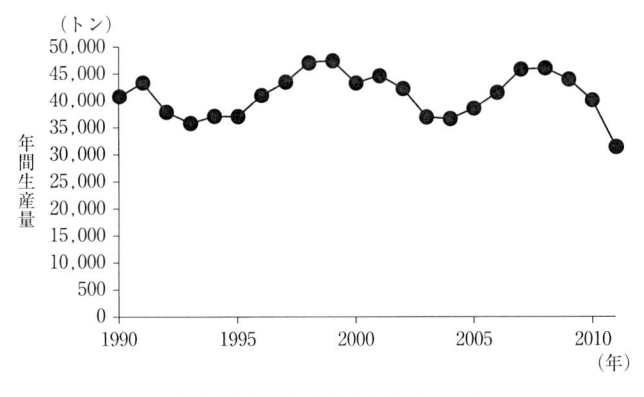

図 3.19 梅漬・梅干の生産量の推移

pH 環境をものとせずウメのクエン酸を餌とする（資化する）酵母（白カビ）であり，クエン酸のなくなった梅干は変色，褐変し商品にならない．しかし，この有害酵母は 18％以上の食塩濃度では生育しないので，加えた食塩のばらつきなどを考慮して 20％の食塩を加えることが，梅漬・梅干製造の基本となる．なお，梅干は塩漬けした梅漬を天日干ししてつくる．乾燥中にウメを裏返して日光にまんべんなく当たるようにすると，色上がりがよくなる．また，シソで着色しない梅干は白干ウメと呼ばれ，長期保存することができる．

近年，食塩の過剰摂取は高血圧の原因となることがわかり，食品の低塩化が時代の要請となった．表 3.20 に市販梅漬・梅干製品の標準成分表を示したが，調味漬製品の食塩濃度は 7～8％であり，従来品の 3 分の 1 になっている．食べやすく，食塩の過剰摂取を防ぐ優れた製品であるが，脱塩・脱酸によってウメの風味が薄れるとともに保存性が低下しているので，調味配合や包装技術などで風味と保存

表 3.20 梅漬・梅干の成分（日本食品標準成分表 2010 より抜粋）

	水分	炭水化物	灰分	食塩	カルシウム
梅漬（塩漬）	72.3	6.7	19.9	19.3	47
梅漬（調味漬）	80.2	10.5	7.3	6.9	87
梅干（塩漬）	65.1	10.5	23.5	22.1	65
梅干（調味漬）	68.7	21.1	8.1	7.6	25

水分から食塩までは可食部 100 g あたり g，カルシウムは mg．

性の向上を図ることが必要である．

　基本より低塩でウメを漬けたい場合は，減らした食塩の代わりに浸透圧性物質や抗菌性物質を加える必要がある．安全性の高いエタノールはその筆頭であり，4～5%の添加で食塩濃度を10%近くまで下げることができる．また酢酸は抗菌性が高く，0.3～0.4%の添加で食塩10%の梅干をつくることができる．他に，塩化カリウムや糖アルコールは浸透圧を高めるために使われる．食塩濃度10%以下の梅漬・梅干製品をつくるためには，水を用いた脱塩が必要になる．

　梅漬の低塩化で最も成功した製品はカリカリ梅である．カリカリ梅は未熟の青ウメを原料とし，塩漬け時にカルシウムを併用してカリカリとした物性を保持する．水で所定の塩分に脱塩したウメは，あらかじめ殺菌しておいた調味液（アミノ酸，有機酸，糖などで調合）に漬けて調味し，製品とする．低塩のため貯蔵する場合は低温を利用し，脱酸素剤を利用した包装で液無し個包装として流通させることができる．

　調味梅干は白干ウメを原料とし，水などで脱塩した後，アミノ酸，有機酸，糖などで配合した調味液に漬けてつくられる．甘味としてハチミツを用いたものもあり，保存のためにビタミンB_1誘導体が使われることが多い．このように，梅漬・梅干の調味漬は，保存性は劣るものの食べやすい製品となってきている．

　梅肉の加工品として，梅肉エキスは江戸末期からつくられており，今でもその

図 3.20　紫錦梅

製法は変わらない．青ウメをプラスチックまたは陶器製のおろし金ですりおろし，果汁を濾過や遠心分離で取り分けて非金属の容器に移し，弱火で煮詰めてつくる．絞ったばかりの緑色のウメ果汁が，糸が引くぐらいまで煮詰められて褐色に変わり，Brix 糖度は 50％前後となる．1 kg の生ウメから 20～40 g の梅肉エキスが得られ，健康食品として販売されている．

また紫錦梅（図 3.20）は，梅肉に塩と赤シソの葉を加えてつくる調味素材である．やや黄ばんだウメを木製の種割器（木槌でもよい）で種と梅肉に分け，梅肉に対し 17～18％の食塩を加えてよく混ぜ，さらに梅肉の 1 割分の赤シソを塩でアク抜きした上で混ぜ，ガラス容器または陶器に保存する．半年ほどで塩慣れするが，1 年後も鮮紅色と豊かなシソの香りを保っており，酸味系調味料として有用である．

〔橋本俊郎〕

文　　献

1) 伊藤三郎編（2011）．果実の機能と科学．朝倉書店．
2) 前田安彦（1996）．日本人と漬物，全日本漬物協同組合連合会．

◀ 3.6 麹　　漬 ▶

麹漬類の定義は，「農産物漬物のうち，こうじ又はこれに砂糖類，みりん，香辛料等を加えたもの（以下「こうじ等」という．）に漬けたもの又はこれにぶり，さけ等の水産物を加えて漬けたものをいう」となっている．例えば石川県ではかぶら寿司を「こうじ漬け」の名称で記載することを推奨している一方，秋田県のハタハタずしは「ハタハタずし」の名称を用いるよう勧めている．これは，かぶら寿司は基本的にすべて麹を使用するのに対し，ハタハタずしには地域性があって，一部に麹を使わない地域があるので「こうじ漬け」で統一できなかったという事情を物語っている．

3.6.1　べったら漬

江戸時代の中頃から，宝田恵比寿神社の恵比須講前日の 10 月 19 日に門前に市が立ち，糀を「べったり」つけた浅漬ダイコンがよく売られていた．ここから，

原料ダイコン → 水洗い → 下漬け → 本漬け(麹床) → 漬け上がり → 包装 → 製品

図 3.21　べったら漬の製造工程

市自体が「べったら市」と呼ばれるようになり，「べったら漬」の名称が生まれたとされている．また，売り手が「べったら，べったら」と言いながら，通行人の女性の着物の袖につけてからかったところに由来している，とする説もある．

ダイコンの皮を厚めにむいて薄塩で下漬けし，それから砂糖，米，米麹で本漬けした漬物で，ポリポリした歯触りと甘く淡白な味が特徴である．漬け込んで10〜15日で食用になるが，風味が変わるのも早く長期保存はできない．用いられる品種は，'四月早生'，'夏みの早生3号'，'新八州'（生育日数55〜60日），'干し理想'，'秋まさり2号'，'おとく'，'西町理想'（生育日数85〜90日）などである．

べったら漬の製造工程を図3.21に示す．皮むきはアルカリ処理で行う場合もあるが，高級品はすべて手むきで行っている．下漬けの塩分は最終5％を目標とし，塩分5％で4日間，1％で2日間，冷蔵庫中（5℃以下）で漬ける．調味液による本漬けは5℃以下の冷蔵庫で10日間行い，2段階に実施する場合は下漬け調味7日間，本漬け調味7日間の計14日行う．このとき，米麹，米，糖類を混ぜ合わせた麹床をダイコンに注入する．漬け上がったものは80℃，20分で加熱殺菌し，4℃，30分の冷水浴で品温を下げる．賞味期限は，10℃以下の保存で14日間である．

3.6.2　塩麹漬，三五八漬

塩と米麹を用いて漬けるのが塩麹漬，それに加えて米を用いるのが三五八漬である．

a. 塩麹漬

塩麹は，米麹に塩と水を混ぜて発酵（糖化）させたペースト状のもので，近年の食トレンドとなっている．現在多くのマニュアル本などが刊行されており，また多くのメーカーから完成した「塩麹」そのものが販売されている．麹のもつビタミンや乳酸菌を豊富に含んでいるため，整腸作用，美肌効果などが期待される健康調味料である．

表 3.21　塩麹の原料

米麹（乾燥）	200 g	米麹（生）	200 g
塩	60 g	塩	60 g
水	300 ml	水	250 ml

　塩麹のつくり方はいたって簡単で，麹を細かく手でほぐし，塩を加えて全体を混ぜ合わせ，水を入れて撹拌し，密閉容器に入れて表面を平らにして緩めに蓋をする．常温で7〜10日間，1日1回撹拌をし，軽くとろみがついたらできあがりである．このときの塩分は，11〜12％で市販の味噌と同程度となる．保存の際は密閉容器の蓋を固く閉め冷蔵庫に入れるようにし，調味料として野菜，魚，肉などに塗って用いる．原料と分量は，表 3.21 に示した．

　塩麹に漬けて焼いた鶏ささみと，何もせずに焼いたものとの比較では，プロテアーゼの働きで軟らかくなるなどの効果が認められている．例えば比内地鶏など，歯応え（若干の硬さ）をセールスポイントとしている場合，塩麹を用いることでその商品に幅や膨らみをもたせることも可能になる．魚の干物も同様で，塩麹を塗ることで商品価値を高められる可能性がある．

　また，応用として「醤油麹」なるもののつくり方が紹介されていることがある．これは醤油の醸造段階で出る醤油麹のことではなく，市販の醤油と米麹を用いてつくるものである．つくり方は，まず米麹（生，200 g）をもみほぐし，醤油 200 ml を入れとろみが出るまでよく撹拌する．これを密閉容器に入れ常温で2週間ほど置き，1日1回よくかき混ぜる．全体がドロリとして，米麹が軟らかくなったらできあがりである．塩分が「塩麹」より少し低いため，冷蔵庫での保存は3カ月程度までである．まぐろの刺身にこの醤油麹を混ぜれば，すぐに「漬け」ができる．

b.　三五八漬

　三五八漬とは麹で漬けた漬物のことで，名前の由来は漬け床に塩，麹，米を3：5：8の容量比で用いたことからきている．福島県，山形県，秋田県などに古くから伝わる漬物であり，脱穀や精米をするときに出る屑米や残ってしまったご飯を有効に活用するためにつくられたのが始まりともいわれている．

　三五八漬けの漬け床（三五八床）は，米に麹を混ぜて発酵（糖化）させ，甘味

（ブドウ糖）がでたら塩を入れて3～4週間ほど熟成させたものである．その際，もち米でつくると甘味が少し強くなる．昔はカメに仕込んでいたというが，現在は甘めの味嗜好と健康の観点から，低塩で仕込み冷蔵庫で保存することが一般的になってきた．熟成した床に漬けた三五八漬は，麹の風味と甘味，酸味に独特の味わいがある．

　三五八漬は，いわばご飯を有効に活用した漬物の素ともいえる．米麹を利用することで，米のでんぷんに酵素が働きブドウ糖が生成する一方で，塩の存在は雑菌の増殖を抑制するが，ブドウ糖の生成も遅らせる．また，米麹を直接利用する漬物はもともと低温度で誕生したものであり，冬は休ませるぬかみそ床とは逆に，冬から春までの漬物といえる．

　床のつくり方は甘酒の固作りに似ており，炊いたご飯を60℃程度に冷ましてから，もみほぐした麹を入れてよくかき混ぜる．密閉容器に入れて60℃以上にならないようにし，途中1～2回程度撹拌する．温度が高すぎると失敗するが，低いと糖化に時間がかかる．60℃程度だと数時間で糖化が完了するので効率的であり，家庭でつくる際は炊飯ジャーで湯煎をすればよい．その後，塩を混ぜ1～3週間程度熟成させる．保存は冷蔵庫で行うが，冷凍もできる．

　漬け方はぬか漬と違い，材料を床に漬けこむのではなく，必要な量の漬け床を小出しにして，材料に絡めるようにして漬ける．ナス，キュウリなどの野菜や，肉，魚介，魚の干物など様々な食材が漬けられている．季節や材料にもよるが，1日ほどで漬け上がる．

　他に米麹を用いたものとしてはナタ漬があり，秋田を代表する漬物の1つである．米の産地らしく米麹をふんだんに使っており，塩分が3％前後の浅漬タイプの漬物で，べったら漬によく似ている．かつて漬け液面には氷が薄く張っており，打ち砕いてダイコンを引き上げ，その甘味を楽しんだ．名称は鉈で材料のダイコンを乱切りにしたことに由来する．

　米麹を多く用いても，酵素が働き糖分（ブドウ糖）が生成するまでには時間がかかり，糖化がうまく進まないと甘くはならない．近年は砂糖がたやすく手に入るようになったので，多量に加え甘くすることも多い．ただ，米麹で糖化を先に行ってから塩を入れて漬け込むほうが利にかなっており，本来の方法といえる．

〔菅原久春〕

3.7 キ ム チ

　朝鮮半島の漬物は，わが国では「キムチ」と呼ばれているが，この中にはキムチ（一般キムチ，水キムチ），コッチョリ（即席キムチ），チャンジ（塩漬），チャンアチ（醬漬類）の4種類が含まれる．キムチに使われる資材としては，主材料の野菜，副材料の野菜，果物，海藻，魚介類，香辛料のトウガラシ，ニンニク，ニラ，セリ，ネギ，ショウガ，添加材料に食塩，醬油，塩辛などがある．

　韓国食文化史研究家の尹瑞石（ユンソソク）によれば，「キムチ」はその食べ方から漬け汁と野菜の両方を味わう漬菜タイプと野菜だけを食べる醢（カイ）タイプに分類でき，前者にキムチとコッチョリ，後者にチャンジとチャンアチがあてはまるとしている．ただこの分類は本場の感覚であって，私たち日本人としては，昭和11（1936）年の『実際園芸』増刊号の掲載記事，朝鮮慶尚南道農事試験場の高橋光造による「特異な味をもつ朝鮮の漬物の話」の中で示されている，ペチュキムチ，ナバクキムチ，カクトウギという分類がわかりやすい．異論はあるが，本節ではハクサイ，葉菜類など葉物を使うキムチをペチュキムチ系とし，これとダイコン，キュウリなどを丸物あるいは荒切りにしたものをカクトウギ系，野菜の汁を楽しむものをムル（水）キムチ系として解説する．

3.7.1 ペチュキムチ系漬物

　ハクサイやその他の菜類などの葉物を使い，薬味を葉の間にはさんだ漬物をペチュキムチ系漬物と総称する．セリ，ネギやザク切りにしたハクサイを使い，はさみ込まず薬味と混ぜたものもある．ハクサイを使ったペチュキムチが大部分で，単に「キムチ」という場合はこれを指すことが多く，コーデックス（国際食品規格委員会）の国際規格におけるキムチもこれであった．

a．ペチュキムチ

　ペチュトンキムチとも呼ばれる．ハクサイ漬の葉と葉の間に薬味をはさんでカメに本漬けし，落とし蓋，重石をして漬け込み2,3週間熟成したものである．主に冬に漬け込み，「キムジャンキムチ」といってやや酸っぱくなる翌年春までかけて食べる．薬味は薬念（ヤンニョン）と呼ばれ，ダイコン，ニンジン，セリ，ニラの細刻品にニ

ニンニク，ショウガ，粉トウガラシといった香辛料を加え，果実のナシをすりおろし，生イカ，生エビなどの魚介類，各種塩辛類を入れ，大きな容器でよく混ぜてつくる．さらに薬念に粘性をもたせるため，もち米粉や小麦粉，あるいはそれをかゆ状にしたものを加える．細刻野菜，塩辛汁（魚醤の一種）の種類は各家庭によって違うが，食塩含量としてはハクサイ漬，薬味とも2.5～3%に仕上げておく．

冬の漬け込み最盛期の熟成キムチ以外に，初夏から晩秋までつくる即席キムチもある．ハクサイを2～3cmの幅に切り，少量の食塩水と食塩を加え少し撹拌して4～5時間塩漬けした後，粉トウガラシ，ニンニク，ショウガを和えるように加えておく．熟成味はないが淡白なため夏にはよく，食塩2～2.5%でつくる．

b. ポサムキムチ（包みキムチ）

ポサムキムチはペチュキムチ系の高級品で，かつては宮廷料理だったものである．塩漬けしたハクサイの外側の大葉5枚を別にし，残りのハクサイを刻んで薬念を混合する．大葉5枚を容器の周囲にたらすように梅の花弁状に敷き並べ，その中心に刻みハクサイ・薬念混合物を適量おいて，トッピングとしてアワビ，タコ，アカガイ薄切り，スライスしたクリ，松の実，糸トウガラシを乗せる．そして周りの葉で囲むように包み込んでカメに移し，落とし蓋，重石をして漬け込み2日ほど熟成させる．大きさ10cmのソフトボール大のものから，15cmほどの大きさのものまである．

c. ペク（白）キムチ

トウガラシを加えず，色の付かない材料（ショウガ，ニンニク，アミの塩辛汁など）を薬念にして白く仕上げた特殊なキムチであり，少量の砂糖かナシのすったものを加えてやや甘く調味する．本来の朝鮮のキムチはペクキムチに似たもので，香辛料はコショウが中心だったといわれている．現在使われているトウガラシは豊臣秀吉が朝鮮半島に攻め入った際に持ち込んだとされ，そのためトウガラシは和蕃椒と呼ばれることもある．

d. ヤングペチュポムリ

ヤングは「洋」，ポムリは「混ぜる」の意で，キャベツのキムチである．2種類の製法があり，1つはキャベツの葉を短冊に切り多量の粉トウガラシ，ニンニク，ショウガ，ネギ，そしてキュウリの角切りを混ぜ，これを食塩と塩辛汁で仕上げたもの，もう1つはキャベツを四つに切って塩漬けした後ペチュキムチのように

薬念をはさみ込んで塩辛汁で本漬けしたものである．韓国国内ではほとんどみられないが，ハクサイが高価であるヨーロッパの韓国料理店ではよくつくられている．

3.7.2 カクトウギ系漬物

ダイコン，キュウリなどを角切りして粉トウガラシ，薬念，塩辛汁で仕上げた漬物をカクトウギという．本項では，角切りせずそのまま漬けたものもこの系統に含めた．

a. カクトウギ（カクテキ）

ペチュキムチとともに韓国漬物を代表するもので，韓国のあらゆる家庭で漬けられる．韓国ダイコンは硬いので日本人には人気がなかったが，近年になって砂糖しぼりダイコンの技術を使って漬け上げたダイコンをカクトウギ風に漬け直すと日本人向きの製品になることがわかり，日本でもよく食べられるようになった．

韓国在来種の硬いダイコンを2cm角のサイコロ状に切り，粉トウガラシをまぶして1時間ほど置いて赤い色をしみ込ませ，食塩，薬念，塩辛汁を使ってカメに漬ける．最終塩度は3％程度で，冬期であれば10日ほどで食べ頃になる．カクトウギの特徴は，下漬けを省き粉トウガラシをまぶすだけで本漬けに移ることである．これは韓国人が在来種ダイコンの硬さを愛好し，二度漬けで軟らかくなることを嫌ったためと思われる．薬念はペチュキムチなどには種類を使わずニンニク，ショウガ，ネギくらいであり，水産物を使う場合はカキのことが多い．

b. チョンガキムチ

アルタリあるいはムッチュンキムチの別名もある．小ダイコンの漬物である．冬期に青首小ダイコン（韓国特有のもので50gくらい，ヒョウタン型，ダルマ型と種々ある）を葉付きのまま下漬けした後，薬念，塩辛汁を使って本漬けする．小ダイコンが硬くて葉柄の風味もよいため，韓国ではペチュキムチ，カクトウギ，ムル（水）キムチについでどこの家庭でも漬けるが，日本人には硬すぎで風味がわかりにくく，輸入販売されることもあるがあまり普及していない．小ダイコンは専用の品種を栽培するが，普通のダイコンを小さなうちに同様に漬け，それを「ムッチュンキムチ」と呼ぶ地方もある．このほかに中型のダイコンに斜めに切れ目を入れて同様に漬けたものもあり，魚の鱗に似ているのでピヌル（鱗）キムチ

と呼ばれる．

　チョンガキムチにも即席漬があり，縦に2つないし4つ割りして下漬けなしで漬け上げる．夏であれば数時間で漬け上がってしまう．

　c．オイソバキ

　キュウリの漬物はオイソバキ，一部地方ではオイキムチと呼ばれ，初夏から初秋に冷やして食べる．キュウリに縦に切れ目を入れて薄塩で下漬けした後，粉トウガラシ，ニンニク，ショウガ，ダイコン，ニンジンを刻んで塩もみした薬念を切れ目にはさみ込み（ソバキははさむの意），塩辛汁を使ってカメに本漬けすると2～3日で漬け上がる．日本の韓国料理店には必ずといってよいほどあり，キムチの盛り合わせを注文するとペチュキムチ，カクトウギとこれが出てくるほどなじみ深いが，韓国ではめったに見られない．キュウリを2cmくらいの厚さに切り，オイソバキ同様に食べるオイカクトウギもあるが，オイソバキよりもさらに珍しい．

3.7.3　ムル（水）キムチ系漬物

　韓国の食卓では階層を問わず，味噌汁ともう1つ，ダイコン，ハクサイ，ニンジンの浮かんだ汁物が並ぶ．このムル（水）キムチと称する一群の漬物は韓国特有の浮かし漬の一種で，食膳で最初に手をつけるものとして愛好されている．また北朝鮮では，野菜の量を多くしたムルキムチ系の漬物を食べている．

　名称は地方ごとに異なっており，トンチミー系と呼ぶ場合も多い．「トンチミー」は広義にはこのような浮かし漬すべてのことをいい，狭義には野菜の漬け汁をそのまま使った場合を指す．狭義のトンチミーに対し，新しい食塩水を汁として加えたものはナバクキムチと呼ぶ．ムルキムチは広義の総称であるが，光州などではシンゴンジー（シンゴンは幅の薄いの意），シンゴンキムチなる言葉も使われる．

　このほか，漬け汁に塩辛汁を使う場合と使わない場合があり，使う場合は液が濁らないよう濾過してから加える．普通糸トウガラシを浮かべるが，木綿の袋に粗びきトウガラシを入れ液中に浸して辛味を抽出する場合もある．冷麺の汁にはこのムルキムチの液がよいといわれ，飲食店などでは土間に整然とカメを並べて埋め込んでいるところもある．

a. トンチミー（狭義）

ペチュキムチ，カクトウギと並び，韓国の食卓三大キムチの１つである．ダイコンを丸のまま5％の食塩水に漬け，一緒にニンニク，ショウガ，ニラを袋に入れたものを入れておく．2～3週間で野菜のエキスが袋から出てなじむので，ダイコンを薄切りにして容器の中の汁とともに盛りつけ，色どりに糸トウガラシを浮かしてスプーンで汁を飲みつつ食べる．最終塩度は4～5％で砂糖を加えることも多く，主として冬期に大量に漬けて翌春まで味わう（トンチミーの「トン」は冬を指す）．本来は漬け汁の清涼感を楽しむ食品である．

b. ナバクキムチ

汁の多い浅漬の意味で，トンチミーの即席漬に位置づけられ，春から秋まで朝鮮半島のどこでも食べる．ダイコンを厚さ1 cm，長さ5 cmの拍子木切りにして3％の食塩で下漬けし，漬け上がったら別に用意した薄い食塩水に浮かして食べる．浅漬けしたハクサイ，キャベツ，ニンジンを切って一緒に浮かべたり，糸トウガラシ，ニンニク，ショウガ，ネギ，セリ，ニラ，松の実，青トウガラシなどを加えることもある．

c. オイシンゴンジー

キュウリを縦に4つ割りにしたものを5 cmくらいに切り，下漬けした後ナバクキムチ同様に浮かし漬けしたものである．2～3 cmに切ったキャベツを下漬けして加えることもあり，主に夏に食べる．

d. ペチュトンチミー

ハクサイを長さ2～3 cmに切ったものと，ダイコンを厚さ2 cm，長さ3～4 cmの短冊切りにしたものを下漬けして，ナバクキムチ同様につくったもの．

e. ジャン（醤）キムチ

ムルキムチ系漬物の中でも高級品に属し，塩辛汁を使わずに大豆醤油を使って漬けたものである．かつては宮廷料理だったもので，正月や秋夕（旧暦の8月15日），誕生日などにつくる．ハクサイは4 cmほどのザク切り，ダイコンは2～3 cmの短冊切りにして，醤油で下漬けしておく．4～5時間たったらハクサイ，ダイコンをカメに移し，糸トウガラシ，ニンニク，ショウガ，ネギ，シイタケ，ナツメ，クリ，松の実を加え，下漬けに使った醤油を水とナシの絞り汁で薄めて注ぎ込む．ジャンキムチは生野菜の風味とそのエキスの溶け出した醤油汁の風味を

楽しむもので，野菜にしみ込んだ醤油味だけを楽しむ日本の醤油漬とは異なる．かつて日本でも製品化が試みられたが，知名度がなく続かなかった．

3.7.4 その他のキムチ
a. ジャンアチ

一般的にはエゴマの葉の塩漬であるケンニップジャンアチを指し，上記3系統以外の漬物としては韓国内で最もよく食べられているものである．エゴマの葉を10枚ずつ糸でくくって塩漬けし，1枚ずつとって飯を包んで食べる．韓国では市場，デパートで販売しているほか，缶詰も多く出回っている．ジャンアチにはこの他，ニンニク，タマネギ，トラジ（白キキョウの根）などを使ったものもあり，トウガラシ味噌，醤油などをわずかに加えることもある．なお日本では同種のシソが喜ばれるが，韓国ではあまり食べない．

b. トガキムチ

晩秋のトウガンを薄切りにしてトウガラシ，ニンニクを加えて薄塩で漬けたもので，漬かってドロドロになったところをスプーンですくって食べる．中国でもトウガンを種々の漬物にし，非常に臭い漬物として知られる寧波の「三臭大王」もトウガンの漬物であり，その「漬物の素」まである．

c. シヘクキムチ

韓国のキムチではかなり変わったもので，わが国の熟れずしに近い．ダイコンを塩漬けにして刻み，米飯，粟飯，米麹と魚肉あるいは鶏肉を和える．

韓国ソウル市にはキムチ博物館があり，数多くの種類のキムチが陳列されているが，筆者の経験上，そのほとんどは日常では見かけなかった．主に食べられているのはハクサイのペチュキムチ，ペクキムチ，カクトウギ，チョンガキムチ，ムルキムチの5種類で，時折オイソバキ，ケンニップジャンアチ，若ネギのパキムチ，カラシ菜のカトキムチ，青トウガラシのプッコチュキムチ，セリのミナリキキムチ，ニラのプチュキムチ，イヌヤクシソウのコトルベキキムチなどが食べられているようだ．キムチは宮廷料理に起源をもつものが多く，ポサムキムチ，ジャンキムチなどは往時はぜいたく品で，庶民の口に入ることがなかったことから来ているのかもしれない．

3.7.5 日本のキムチの発展・進化の経路

前述の「朝鮮の漬物の話」には，ペチュキムチ，ナバクキムチ，カクトウギの3種の漬け方が詳しく載っており，「最近東京においても三越の食料品部においてキムチを小器に入れて販売されている」とある．ただ，筆者の経験からも戦前はキムチの存在自体を知らなかったので，日本での普及は戦後始まったものと思われる．昭和20年代には韓国料理店でペチュキムチが提供されており（筆者も食べた経験がある），その後徐々に認知されるようになっていったようだ．

a. タレキムチ

日本は韓国に比べて温暖であり，韓国のように水産物を入れた冬越しのキムジャンキムチはつくりにくかった．そこで昭和20年代後半，韓国料理店の人々が中心になって，夏の即席ペチュキムチの薬念をもとに「キムチタレ」を開発した．ハクサイ漬に薬味液といえるタレを混ぜるだけであるが，キムチの感触が味わえるので普及し，現在も「浅漬キムチ」として売られている．タレに甘さがあるため子供も食べられるキムチとして，また冷麺，チョンボクジュウ（アワビ粥），キムチチゲなどに加えて食べるものとしては優れている．

b. 野菜の薬味とタレを併用したキムチ

1975年頃から，ダイコン，ニンジン，ネギなどを細刻し，キムチタレとともに塩漬ハクサイに混ぜ合わせたものが「本格キムチ」の名で売られるようになった．ネギの細刻を全体の2〜3%入れたものから，ダイコン15%，ニンジン5%，その他3%の合計23%の野菜を加えるものまで幅があって，それぞれ現在まで続いている．

c. 生イカなどの魚介類の入ったキムチ

昭和20年代頃には，農産加工業者の間でハクサイ漬の葉の間にイカやダイコン，ニンジン，ネギの細切りや細刻物を入れるキムチがつくられており，長野県大町地方，飯山地方の黒岩スキー場などで一般に食べられていた．畑に自生しているセリなども入ったものであったが，現在では衛生面に気を配った漬物企業のみがつくりうる製品であろう．

日本のメーカーなどでの浅漬タイプ，本格タイプのキムチの設計を表3.22に，本格キムチの配合例を表3.23に示す．キムチ製造の最大のポイントは粉トウガラシの選択である．辛すぎる鷹の爪，栃木三鷹などは不適で，韓国産，中国産の大

表 3.22 キムチの設計

	浅漬タイプ	本格タイプ
賞味期限設定	7日	14日
ハクサイの処理	刻み（幅3cm），塩素100ppm水洗浄後，水洗浄	
ハクサイの漬け方	一度漬け 食塩2.5%散布，差し水2.5%食塩水20%量．冷蔵庫3日間，重石500kg，容器あたり200kg	二度漬け 1回目：食塩2%散布，差し水2%食塩水30%量．重石500kg，容器あたり300kg，冷蔵庫2日間 2回目：食塩1%，グル曹0.2%混合物散布，差し水なし．重石500kg，容器あたり300kg，冷蔵庫2日間
歩留り，搾り	80%，ハクサイ漬軽く水切り	75%，ハクサイ漬軽圧搾
薬味の処理	水洗したネギを小口切りしてハクサイの3%量添加	千六本ダイコンをハクサイ重量の20%，小口切りネギ10%，細刻ニンジン4%を，合計の2%量の食塩と強く撹拌，塩漬け
粉トウガラシの処理	殺菌済みの韓国産細粉を野菜＋タレの1%量使用	殺菌済みの韓国産細粉0.33%，荒びき0.67%使用
キムチタレの量	浅漬キムチタレをハクサイ漬の16%量	本格キムチタレを薬味混合塩漬，ハクサイ漬合計の22%量
混合	キムチタレ，ハクサイ漬をよく混合	キムチタレ，薬味混合塩漬，ハクサイ漬をよく混合
熟成	場合によっては20℃以下の室温1日放置，プレ乳酸発酵後，袋詰め	場合によっては5℃冷蔵庫中3日間放置，プレ乳酸発酵後，カップ詰め
食塩	2.4%	2.4%

房種など，辛味よりうま味の強いものがよい．表3.24にトウガラシ品種間のカプサイシン量の比較を示す．配合は，食塩2.5%，トウガラシ1%，ショウガ1%，ニンニク0.5%を目安にすると間違いがない． 〔前田安彦〕

3.7 キムチ

表 3.23 本格キムチ配合例

ハクサイ*（刻み幅 3 cm）	300 kg	漬け上がり	240 kg（歩留り 75％）
ダイコン*	56 kg		48 kg
ネギ*	26 kg		22 kg
ニンジン*	12 kg		10 kg
（計）	394 kg		320 kg
製品　刻みハクサイ漬	208 g		
刻みダイコン漬	43 g	} タレと混合	
刻みネギ漬	20 g		
刻みニンジン漬	9 g		
（計）	280 g		
本格キムチタレ	60 g	（ハクサイ 100：タレ 22）	
本格キムチタレ調味処方	野菜漬　320 kg 分		
	タレ　　70 kg		

調味処方		食塩 (kg)	グル曹 (g)	糖 (kg)	酸 (g)
淡口味液	10.5 l (12.9 kg)	2.18	399		
シーベストスーパー	5.6 l (6.4 kg)	0.9	90		
グル曹	5.6 kg		5,600		
グリシン	1.1 kg				
果糖ブドウ糖液糖	17.5 kg			17.5	
リンゴ酢（酢酸 5%）	11.9 l				595
乳酸	1.4 kg				1,400
アルコール	2 l (1.6 kg)				
すりおろしニンニク	1.95 kg				
すりおろしショウガ	1.95 kg				
粉トウガラシ	1.3 kg				
粗びきトウガラシ	2.6 kg				
リンゴピューレ	3.5 l				
キサンタンガム	210 g				
パプリカ色素**	140 ml				
（計）	70 kg				
野菜漬	320 kg	6.4	480		
製造総量	390 kg	9.48	6,569	17.5	1,995
最終成分		2.4%	1.7%	4.5%	0.5%

〔その他の最終成分〕醤油類 4.1%，グリシン 0.28%，アルコール 0.5%，ニンニク 0.5%，ショウガ 0.9%，トウガラシ 1.0%，キサンタンガム 0.3%（対タレ），色素 0.2%（対タレ）．
*野菜類の仕上がり塩度 2%．
**パプリカ色素：漬色 OP-120（理研ビタミン製，色価 660）使用．

表3.24 トウガラシ品種間のカプサイシン量比較

品種名	カプサイシン量（％）	辛さ（スコービル単位*）
チリ	0.0058	900
レッドペッパー**	0.0588	10,000
アビシニアン	0.075	11,000
カイエンレッドペッパー	0.2360	40,000
メキシカン・ペキノス	0.260	40,000
バード・チリ	0.360	42,000
サンナム（インド）	0.330	49,000
栃木三鷹（日本）	0.300	55,000
バハマ（バハマ諸島）	0.510	75,000
モンバサ（アフリカ）	0.800	120,000
ウガンダ（アフリカ）	0.850	127,000

*スコービル単位：辛味を感じる最大希釈度．カプサイシン自体は $15 \sim 17 \times 10^6$ スコービル単位．
**韓国産トウガラシはここに属する．
(V. S. Govindarajan：Food Taste Chemistry, pp.53-92, A. C. S. (1979))

3.8 発酵漬物

3.8.1 概 論

a. 発酵漬物と乳酸菌

発酵漬物とは，主に乳酸菌の発酵作用によって製造される漬物である．発酵漬物に出現する主な乳酸菌の種類と特性は表3.25の通りであり，いわゆる植物性乳酸菌に属する．乳酸菌は，その形状から乳酸球菌と乳酸桿菌に分けられ，乳酸球菌には Leuconostoc, Enterococcus, Pediococcus, Tetragenococcus 属菌があり，乳酸桿菌には Lactobacillus 属菌がある．

乳酸球菌の代表的なものの1つである Leuconostoc mesenteroides は比較的低温を好み，生育に適した温度は21〜25℃である．食塩や酸に対する抵抗性がやや弱く，食塩濃度が3％以上になると増殖が抑制される．また，pHが低下してくると生育が抑制されるだけでなく，死滅してしまう．いわゆるヘテロ型の乳酸発酵を

表 3.25 発酵漬物に出現する主な乳酸菌[1]

乳酸菌	形状	生育温度 (℃)	生育 pH	生育限界食塩濃度 (%)	漬物中の耐塩濃度 (%)
Leucocnostoc mesenteroides	球状	5～40	5.4～6.8	2.0	3
Enterococcus faecalis	球状	10～45	4.5～9.6	6.5	10～13
Enterococcus faecium	球状	10～45	4.5～9.6	6.5	15～18
Lactobacillus plantarum	桿状	10～45	3.5～8.2	6.5	13～15
Lactobacillus brevis	桿状	15～45	3.7～8.2	6.5	15～18
Pediococcus pentosaceus	球状	5～50	4.0～8.2	6.5～10	13～15
Pediococcus acidilactici	球状	5～45	4.5～8.2	6.5～10	13～15
Tetragenococcus halophilus	球状	10～45	5.0～9.0	18～22	15～18

行うので，乳酸の他に炭酸ガスや酢酸を産生する．

　Enterococcus faecalis や *E. faecium* は幅広い温度で生育するが，最適生育温度は 35℃前後である．また，*L. mesenteroides* について食塩に対する抵抗性が低く，食塩濃度が 10% 程度に達すると生育が困難になる．ホモ型の乳酸発酵を行うので，乳酸のみを産生する．

　Pediococcus 属菌の主なものは *P. pentosaceus* や *P. acidilactici* である．*Pediococcus* 属菌は比較的食塩に対する抵抗性があるため，10% 程度の食塩濃度なら生育可能な場合が多い．漬物にもよく出現する *P. pentosaceus* は，野菜の青臭みを矯臭する作用があることで知られている．また，*Tetragenococcus halophilus* は以前は *Pediococcus* 属に分類されていた乳酸菌であり，20% 程度の食塩存在下においても生育する．酸に対する抵抗性を見ると，*P. pentosaceus* や *P. acidilactici* は pH 4.0 前後で生育するが，*T. halophilus* は pH 5.0 以下では生育困難である．いずれも，乳酸のみを生成するホモ型の乳酸菌である．

　乳酸桿菌としては，*Lactobacillus plantarum* や *L. brevis* が発酵漬物で優勢菌となる場合が多いが，とくに *L. plantarum* は発酵漬物中で最も重要な乳酸菌の 1 つとなっている．*L. plantarum* はホモ型の，*L. brevis* はヘテロ型の乳酸発酵を行う．いずれも球菌よりも低い pH で生育が可能なことから，発酵漬物の製造においては中・後期に出現する場合が多く，また *L. brevis* は *L. plantarum* に遅れて出現する傾向が見られる．

なお，*Tetragenococcus* 属菌以外のいずれの乳酸菌も，培地中よりも実際の漬物中の方が食塩に対する抵抗性が高くなる傾向が認められる．

b. **発酵漬物における微生物の消長**

発酵漬物の発酵過程において一般的に見られる微生物叢の変化について，模式図的に示したのが図 3.22 である．発酵初期には，原料野菜に付着している細菌（雑菌）が増殖してくる．これらの細菌は 5% 以下の食塩濃度のもとでは増殖が阻害されることが少ないので，食塩濃度の低い発酵漬物では発酵初期にかなりの生菌数に達する．細菌の主なものには，*Micrococcus*, *Bacillus*, *Pseudomonas*, *Flavobacterium*, *Enterobacter*, *Klebsiella* 属菌などがあり，その他に *Corybacterium*, *Citrobacter*, *Erwinia* 属菌などの増殖が見られることもある．発酵漬物では *Micrococcus* や *Bacillus* 属菌の増殖は概して遅い傾向が見られ，細菌の主体をなしているのはグラム陰性菌である．

通常，細菌（雑菌）の増殖と相まって乳酸菌の増殖が始まる．発酵初期に出現してくる乳酸菌の大部分は乳酸球菌で，とくに *L. mesenteroides* が優勢となることが多く，それ以外には *E. faecalis*, *E. faecium*, *P. pentosaceus*, *P. acidilactici* の増殖が見られ，乳酸量は 0.7〜1.0% に達する．*L. mesenteroides* はヘテロ型乳酸発酵を行うことから，乳酸以外に酢酸，エタノール，炭酸ガス，エステル，マンニットなどを生成する．これらの生成物は発酵漬物に対し，微妙な香味（マンニットは苦味）を付与するものと考えられている．このように乳酸球菌によって乳酸や酢酸が生成され pH が低下すると，酸に弱い細菌（雑菌）は減少，死滅する

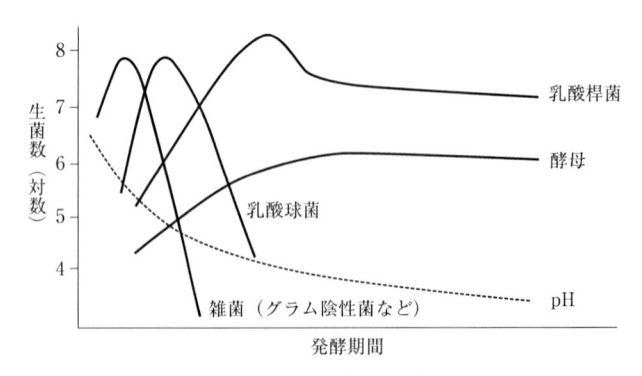

図 3.22 発酵漬物における微生物叢の変化

ようになる.

発酵中期から後期になると，乳酸球菌による乳酸の生成は引き続き行われているが，同時に L. plantarum を主体とする乳酸桿菌が急速に増殖し始め，さらに乳酸が生成されるようになる．その結果，L. mesenteroides などは酸に対する抵抗性が低いことから徐々に死滅し，マンニットが消費されて苦味が除去される．発酵後期には，L. plantarum 以外にヘテロ型乳酸発酵を行う L. brevis などが増殖することが多い．

発酵漬物の製造過程における微生物の消長は，上述した形で推移するのが一般的であるが，発酵温度，食塩濃度によって微生物叢の推移は影響を受けるので，必ずしも同様の変化をたどるとは限らない．

c. 発酵漬物が有する機能

乳酸発酵によってつくられる発酵漬物には，様々な機能が含まれる．図 3.23 は発酵漬物における各機能の関係を示したものである．乳酸菌は乳酸発酵によって様々な発酵風味成分を生成するが，それらの主要成分である乳酸は漬物の保存性を高める機能を有する．また，野菜がもつ食物繊維は漬物の食感に大きな影響を及ぼす歯切れを形成するだけでなく，よく知られているように食物繊維としての健康機能もあわせもつ．これらの食物繊維に乳酸菌が加わることによって，発酵漬物が有する健康維持機能が強化されることになる．さらに，発酵風味は発酵漬

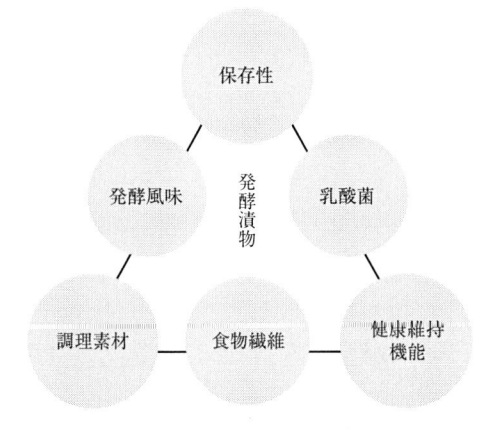

図 3.23　発酵漬物が有する機能

物に調理性や調味料としての機能も有している．

3.8.2 京都の発酵漬物
a．すぐき

すぐきは京都の上賀茂でつくられている発酵漬物で，その歴史は古く平安時代にはすでにつくられていたものと考えられている．主に洛北地方で栽培されているすぐき菜（酸茎菜）を原料とし，11月頃に収穫されたものが利用される．

すぐきは，面とり，荒押し，本漬け，追い漬け，室漬けの工程を経てつくられる．面とりは，すぐき菜の表皮を先の短い包丁で削りとる工程である．荒押しの工程では，食塩濃度が 2〜3% になるように桶の中にすぐき菜と食塩を交互に漬け込んでいく．最後に押し蓋をし，すぐき菜と同量の重石を置いて 1〜2 昼夜そのままにしておくと柔軟になるので，桶から出して軽く水洗し，次の本漬けを行う．本漬けの工程では，四斗樽に荒押しし，水洗したすぐき菜を渦巻き状に詰めると同時に，最終的に約 6% になるよう食塩を交互にまいていく．樽に押し蓋をして天秤場と呼ばれる場所に運び，1樽あたり 300 kg もの圧力をかける．この圧力をかける方法はすぐき独特のもので，6〜7 m の天秤棒の先に重石をしばり，その力を利用して樽の押し蓋に圧力をかけるものである．本漬けでは，すぐき菜の水分を外部に放出しながら圧縮させ，押し蓋が下がったところにさらに荒押しを終えたすぐき菜を重ねていく．この重ねて漬け込む作業は追い漬けと呼ばれるもので，1週間の本漬け期間中に3回ほど行われる．次の室漬けもすぐき独特の工程で，世界でも珍しい温醸によって乳酸発酵が行われる．室と呼ばれる保温のための小屋に本漬けを終えた樽を入れ，炭火や電気・ガスストーブなどで温度を 35〜40℃ に保持しながら1週間ほどかけて発酵を進める．

すぐきの微生物に関しては，中浜敏夫ら[2]が詳細に研究しており，すぐきの本漬け工程からは *Streptococcus*, *Lactobacillus*, *Leuconostoc* 属菌，室漬け工程からは *Streptococcus*, *Lactobacillus*, *Pediococcus* 属菌を分離している．これらの中で最も優勢なのは *Lactobacillus plantarum* や *L. brevis* であり，近年では整腸作用や免疫賦活作用を有する *L. brevis* を利用した野菜発酵飲料などが開発されている．

b. 生しば漬（生紫葉漬，生柴漬）

しば漬には，乳酸発酵によって製造される生しば漬と甘酢を用いて製造されるしば漬がある．乳酸発酵によってつくられる本来のしば漬である生しば漬は，主に京都洛北の大原で製造されている．

生しば漬には，ナス，キュウリ，シソの葉，ミョウガが原料として使われる．しば漬には縮緬シソが使われるが，大原は盆地で「小野霞」と呼ばれる霞が発生するため湿度が保たれ，栽培に最適の環境をつくりだしている．原料野菜を薄く切った後，大きな樽の中に低塩で漬け込み，重石をのせる．その後，夏場の気温を利用し，乳酸発酵により製造される．乳酸発酵による酸味とアントシアン系色素の赤，シソの香りがうまく適合した漬物である．生しば漬は，すぐきと同じように $Lactobacillus$ 属菌を主とした乳酸菌の発酵によって製造されるものだが，現在は発酵法よりも甘酢を使った方法で大量生産されるものが多くなっている．

3.8.3 サワークラウト，ピクルス

a. サワークラウト

サワークラウト（Sauerkraut）は「酸っぱいキャベツ」を意味する言葉で，13世紀半ばにはすでにドイツでつくられていたことが記録として残っている．英国ではサワークラウト，フランスではシュークルートと呼ばれているように，ドイツの他にもフランス，ポーランドなどの東欧，ロシア，アメリカ，カナダなどで広く食されている．また，わが国でも一部で製造されている．

原料のキャベツの条件としては，結球が硬くて葉の色は白く，糖分が多くて繊維の軟らかいものが使われる．製造の始めには，「しおらし」（wilting）を1週間行う．収穫直後のキャベツをそのまま細切りにすると葉も充実しているために屑が多く出る．そこでしおらしを行うことによって，その後の作業でキャベツからの屑の発生が少なくなり，切った形も細長くてよいものが得られる．しおらしを終えたキャベツには，芯取り（coring）と外葉除去（trimming）の作業が行われる．芯取りは芯取り機を用い機械的に行われ，芯が除去された後は包丁で外葉が除去される．次に水洗（washing）をし，原料キャベツを清浄にして細切り機によって約2mm幅に細切り（cutting）を行う．続いて漬け込みとなり，細く切られたキャベツに塩をよくまぶしながら漬け込んでいく．その際に用いられる食塩

量は通常2〜3％で，できる限り隙間がないように漬け込む．これは，隙間があると空気が残存し，カビなどの雑菌が増殖しやすくなるためである．表面にプラスチック製シートを敷き，押し蓋と重石をのせ発酵が行われる．発酵は通常，発酵温度が24℃の場合は14〜18日，20℃の場合は18〜25日ほど行われる．なお漬け込みの際には，香辛料としてディルシードやキャラウェイシードなどが多く使用されている．

　サワークラウトの発酵過程において一般的にみられる微生物叢の変化は次の通りである．発酵初期には，原料のキャベツ，土壌，水などに付着，汚染している *Micrococcus, Bacillus, Pseudomonas, Enterobacter* 属菌などの雑菌が増殖してくる．それと同時に乳酸菌が増殖し始めるが，通常の発酵で初期に出現してくる乳酸菌の大部分は乳酸球菌の *Leuconostoc, Enterococcus, Pediococcus* 属菌などである．乳酸球菌の増殖により乳酸が蓄積されpHが低下してくると，酸に弱い雑菌の多くは減少，死滅し乳酸球菌が優勢となってくる．乳酸球菌に続いて増殖してくるのは，乳酸桿菌の *Lactobacillus* 属菌である．乳酸桿菌の増殖によってさらに乳酸が蓄積し，pHが低下すると酸への抵抗性が弱い乳酸球菌が減少するようになるため，発酵が進行するにつれほとんど乳酸桿菌が占めるようになる[3]．

　完成したサワークラウトは缶詰や瓶詰にするのが一般的で，殺菌は1kg詰めのもので100℃，35〜40分程度の条件で行われる．サワークラウトはそのまま食べてもよいが，温めてソーセージと一緒に食べたり，シチューに入れるなどして調理素材として使用されることが多い．

b．ピクルス

　ピクルス（pickles）は，野菜や果実を塩や酢に漬けたり，発酵させたりしてつくられ，発酵ピクルス，塩漬ピクルス，酢漬ピクルス，甘酢漬ピクルス，混合ピクルス，刻みピクルス，辛子ピクルスなどの種類がある．ここでは発酵ピクルスについて概説する．

　発酵ピクルスの代表的なものはキュウリディルピクルス（cucumber dill pickles）で，10％以下の食塩水を用い，乳酸発酵を利用してつくるものである．通常香辛料を使って風味を付与しており，主体となるディルのほかにオールスパイス，クローブ，セージ，タイムなどが利用される．樽の底にディルなどを敷きつめ，その上にキュウリを並べながら積み上げていく．樽の中ほどまで詰めたら

再びディルを敷き，さらにキュウリを積み上げる．樽の上まで詰めたらもう一度ディルを敷き，その上に押し蓋をのせて軽く重石をした後，食酢（キュウリ重量の約3%）と食塩濃度8%の食塩水をキュウリの重量に対しほぼ同量か少なめに注ぎ入れる．その後3〜6週間ほど乳酸発酵を行わせると，酸濃度は1.3%前後に達し完成する．

発酵ピクルスに関与する主要菌は *Lactobacillus plantarum* で，それ以外の乳酸菌として *Leuconostoc mesenteroides*, *Enterococcus faecalis*, *Pediococcus cerevisiae*, *Lactobacillus brevis* などが関与する．発酵中は，他の発酵漬物とほぼ同様の菌叢変化をたどる[4]．

3.8.4 泡 菜

もともと中国四川省で多く漬けられていた発酵漬物であるが，手軽に漬けられることから中国の広い地域でつくられるようになった．泡菜専用の壺があり，蓋を被せるところが溝になっていて，そこに水が満たされているので，蓋を被せたときに壺の内部は密閉状態になる仕組みである．発酵によって壺の中は炭酸ガスで充満し，余分な空気は水を通して外部に出ていく．しかし，外部の空気は壺の中に入り込まないので，内部は徐々に嫌気状態となり，腐敗菌やカビの発生を防止することができる．乳酸発酵によってできた漬汁には，トウガラシやショウガなど様々な香辛料が入っており，これに野菜を入れておくと泡菜ができる．漬け込む野菜と香辛料の組み合わせによって，100種類以上の泡菜があるといわれている．泡菜は浅漬風にそのまま食べる場合もあるが，調理に使われることも多く，肉の炒め物やスープの具として広く利用されている[5]．

3.8.5 ぬかみそ漬

ぬかみそ漬は，発酵，熟成されたぬか床から食塩や風味成分が漬けられた野菜に移行し，独特の香りとうま味が付与される漬物である．良好なぬか床は乳酸菌と酵母とのバランスがよく，乳酸菌は適度な酸味を生成し，酵母は特有の風味を付与する．一方撹拌することを怠ると，ぬか床の表面に白カビ（産膜酵母）やカビが増殖して味を悪くする．ぬかにはビタミンB_1やB_2が豊富に含まれており，漬物にそれらが移行し野菜よりも高い濃度になるため，ぬかみそ漬は栄養的にも

表 3.26 ぬか床の熟成期間中における乳酸菌叢の変化[5]

熟成（日）	構成比率（％）	乳酸菌
0	乳酸球菌 50 乳酸桿菌 50	*Pediococcus pentosaceus* *Streptococcus faecalis* *Lactobacillus plantarum*
60	乳酸球菌 42 乳酸桿菌 58	*P. halophilus* *L. plantarum* *L. coryniformis* subsp. *L. coryniformis* *L. brevis*
120	乳酸球菌 23 乳酸桿菌 77	*P. pentosaceus* *P. halophilus* *L. plantarum* *L. brevis*

たいへん優れた漬物であるといえる．

米ぬか，食塩，水を混合しただけのつくり始めのぬか床には，乳酸菌や酵母がほとんどいない．したがって，ぬか床にくず野菜を入れるなどして発酵を促進させる必要がある．乳酸菌や酵母が増殖しやすいように室温に置き，1日2回程度上下をかき混ぜるようにすると，2, 3週間ほどでぬか床が熟成してくる．

ぬか床が熟成するまでには，次のような微生物叢の変化が見られる．漬け込み当初は，乳酸菌以外の *Micrococcus*, *Bacillus*, *Pseudomonas*, *Alcaligenes* 属菌などが多数出現するが，発酵が進行し pH が 5.0 以下になると雑菌は減少し始め，最終的には死滅するようになる．その後，*Lactobacillus* 属の乳酸菌が優勢になり，とくに *L. plantarum* や *L. brevis* などで占められるようになる．その頃になるとぬか床の酸味も増し，香味もよくなるのでぬか床らしくなってくる（表 3.26）．その後に出現してくるのが酵母であり，多くは *Torulopsis* 属や *Saccharomyces* 属で芳香を付与する役割を果たしている．この段階で，乳酸菌と酵母がバランスよく共存している状態となっている．

3.8.6 赤カブ漬

赤カブ漬は山形県，岐阜県をはじめ，全国各地でつくられてきた伝統的な漬物である．かつては乳酸発酵を利用して漬けられていたものが多かったが，現在は

酢漬として流通しているものがほとんどである．山形県温海地方で漬けられている温海カブを利用した赤カブ漬も，多くは甘酢漬として販売されている．

　発酵による赤カブ漬で知られているのは，岐阜県飛騨高山の特産である赤カブ漬である．飛騨高山は山岳地帯に囲まれ冷涼な気候であることから，繊維の少ない良質の赤カブが生産される．晩秋の霜の降りる前に収穫した赤カブを，葉が付いたまま薄塩で漬け込む．通常，原料の赤カブに対し4％前後の食塩を用い，原料とほぼ同量の重さで重石をする．その後，低温下での発酵が進行するに従い，生成した乳酸により赤カブのアントシアン系色素が鮮やかになってくる．発酵前に少量の梅酢を用いる場合があるが，これは梅酢のクエン酸によってアントシアン系の赤色の発色を促すとともに，色の安定化を図るのに都合がよいからである．正常に発酵が行われるには5～10℃の温度がよく，10℃を超えると品質が低下しやすくなる傾向があるといわれている．発酵初期は赤カブに由来するリンゴ酸が多いが，発酵の経過に伴って乳酸，酢酸の増加がみられるようになる[8]．

3.8.7　無塩発酵漬物

　食塩を全く使わずに製造する漬物としては，国内では長野県木曽地方のすんき，新潟県長岡地方のいぜこみ菜漬，福井県勝山地方のすなな漬がある．また，国外では中国の酸菜，ネパールのグンドルックなどが知られている．無塩で乳酸発酵を行わせるには，原料野菜に付着している雑菌を減少させることが必要であるが，前処理として湯通しや日干しなどを行うことによって雑菌の増殖を制御したり，乳酸菌をスターターとして接種したりするなどの工夫が伝統的に行われている．

a. すんき

　すんきは，木曽御嶽山の麓にある開田高原の王滝村，木曽町（旧開田村，三岳村）などで古くからつくられている漬物である．すんきの原料となる野菜は主にカブの仲間である王滝かぶらで，根部は紫がかった紅色をしている．すんきに用いるのは葉で，根は塩漬けにして食べたり，料理に使う．沸騰水に葉をざっと浸し，まだ熱いままの状態ですんき専用の木桶に移す．次に，漬種と湯通しした原料の葉を交互に漬け込んでいく．漬種は前年に製造されたすんきを乾燥させたもので，「すんき干し」と呼ばれているものを水で戻して調製される．このすんき干しは漬種として使用されるほかに，味噌汁の具として利用されたり，油炒めなど

にして食される．こうして漬け込んだ後，漬け込み量の約2倍の重石をのせ，一晩家の中に置いてから，翌朝場所を物置に移し低温下で発酵を行う．通常，完成するまで約2カ月かかるといわれているが，実際には1週間もすれば食べられるようになる．すんきは漬物としてそのまま食べることもできるが，むしろ調理素材として様々な料理に利用される．

　すんきから分離される微生物のほとんどは乳酸菌で，乳酸桿菌では *Lactobacillus plantarum*, *Lactobacillus buchneri*, *Lactobacillus brevis* が，乳酸球菌では *Enterococcus faecalis*, *Leuconostoc mesenteroides*, *Pediococcus acidilactici*, *Pediococcus pentosaceus* などが分離されている[9, 10]． 〔宮尾茂雄〕

b. いぜこみ菜漬

　いぜこみ菜漬はゆでこみ菜漬とも呼ばれ，新潟県長岡地方でつくられている冬の野菜保存食である．原料はダイコンの葉で，よく水洗いしたものを熱湯でゆで上げてから冷水に浸して熱をとる．次に細かく乱切りにし，六斗樽に踏み込んで水に漬けるが，すんきと同様に塩は使わない．樽に漬け込んだ後，樽にぴったり合うようにつくったワラの「さんばいし」（俵の蓋のように編みあげたもの）を上にのせて重石をする．さらに，ゴミが入らないように木の蓋をして冷暗所に置く．必要なときに杓子ですくい上げて水洗し，調理に用いる．いぜこみ菜漬は，主に味噌汁やぞうすいの具材として利用されている．低温状態で置かれるので塩を使わなくても4月の半ば頃まで保存でき，冬期を通して調理素材として利用される[11]．

c. すなな漬

　すなな漬は福井県でつくられている野菜の保存食で，新潟県のいぜこみ菜漬と類似している．原料となるのは同じくダイコンの葉で，たくあん用や切漬用，冬期貯蔵用のダイコンの残りものである．味噌汁の具，菜飯，煮物に利用できるよう，大きな樽に漬け込んで保存される．11月の終わり頃になると戸外で大鍋に湯を沸かし，そこにダイコンの葉を入れて湯煮する．湯の中の大量の葉を上下に入れ替える作業が難しいため考え出された方法が，葉の下に2本の縄を通すことで，頃合いのよいときに縄を引っ張ると上下を入れ替えることが容易になる．湯煮した葉を冷水で冷やした後，少しずつまとめてひねり，それを半分に折って順に樽一杯に漬けていく．ひねって二つ折りにしておくと，後から取り出すときに都合がよい．湯通しすることによって葉に付着していた雑菌が死滅することと，おそ

らく樽に残っていた乳酸菌が増殖することによって，塩を使わなくても低pH，低温状態に置かれ，腐敗せずに保存できる[12]． 〔前田安彦〕

文　献

1) 宮尾茂雄（1999）．食品微生物学ハンドブック，p.227，技報堂出版．
2) 中浜敏雄（1966）．乳酸菌の研究，p.507，東京大学出版会．
3) Pederson, C. S. (1930). *Agr. Exp. Sta. Tech*, Bull. No.168.
4) Bell, T. A. and Etchells, J. L. (1956). *Appl. Microbiol*., **4**, 196-201
5) 宮尾茂雄（2005）．中国漬物大事典，p.296，幸書房．
6) 今井正武・後藤昭二（1984）．農化，**58**，545-551．
7) 今井正武他（1983）．農化，**57**，1105-1112．
8) 円谷悦造他（1982）．日食工誌，**29**，202-207．
9) 中山大樹（1951）．農化，**23**，497-499．
10) 中山大樹，小池弘子（1965）．醗工，**43**，157-164．
11) 本間伸夫他編（1985）．日本の食生活全集15 聞き書 新潟の食事，p.164，農山漁村文化協会．
12) 農文協編（2003）．聞き書 ふるさとの家庭料理第8巻 漬けもの，p.57，農山漁村文化協会．

3.9　水産物および水産物と野菜の漬物

　水産物の漬物には大別して2種類あり，1つは材料に水産物だけを使ったもので，魚介類を酒粕，味噌，麹などに漬けたり，海藻（ワカメの芯，メカブなど）を醤油漬，酢漬にしたりしたものである．もう1つが水産物と野菜の混ざった漬物で，韓国のキムチ，日本のサケのはさみ漬，ニンン漬，数の子・野菜醤油漬，「かぶらずし」を代表とする全国各地にあるいずし（飯ずし）などであり，粕漬の中で解説した「山海漬」もこれに入る．

　風味的には野菜エキス，水産物エキスが混ざった後者の方が勝っており，市販調味料の中にもこのような風味のものはない．ただ，水産物，とくに魚介類の漬物は2～3%という低塩のものが多く，腸炎ビブリオ，ボツリヌス中毒のおそれがあるため，衛生的な工場で，十分な知識をもった技術者の下でつくる必要がある．

3.9.1　魚の粕漬

　魚の粕漬は農産物漬物の領域外であるが，習慣的に佐賀県唐津市呼子町の「松浦漬」，および佐賀市川副町の海産物粕漬製造業4社だけは，全日本漬物協同組合連合会の佐賀県組合に所属しており関係は深い．また名古屋では，守口漬の企業

が別会社を興し，魚の粕漬をつくっている例もある．

　材料としては，数の子，タラコ，イカ，マダイ，カジキマグロ，クルマエビ，メダイ，キンメダイ，ギンザケ，ギンダラ，フグ，マナガツオ，アマダイ，ホタテ貝柱，サワラ，本サワラ，キングサーモンなど，種々のものがある．製造法は3.3節で述べたのとほぼ同じで，2月に搾りかすにアルコールを添加して桶に踏み込み，数カ月熟成して糖分を加え，アルコール10％，全糖25％にする．これに食塩4％を加えて2日冷蔵した熟成粕を使い，魚体，熟成粕，魚体と積み重ねて本漬する．魚体のサイズによって5～10日漬け込んでから，漬け床付きのまま，あるいはそぎおとして包装する．ある製品の分析例では，食塩2～3％，全糖12～16％，アルコール3～5％であった．ポイントは低塩，高甘味にすることで，自家製などで味が落ちるのは高塩，低甘味の場合が多い．

3.9.2　西京漬・味噌漬

　西の西京白味噌，東の江戸赤味噌という代表的な甘味噌のいずれかを使い，軽く塩漬けした魚介類を漬ける．少量の酒粕を床に加えることもあり，食塩3～4％，全糖10～12％，アルコール2％が代表的製品の分析値になる．

3.9.3　サケのはさみ漬

　北海道に戦後誕生した野菜と魚の麹漬で，原型はニシン漬にあると思われる．「ばんじゅう」というバット状の容器に野菜（ハクサイ，グリーンボール，ダイコン，ニンジン），米麹，ベニザケの切り身を積み重ね，みりん，氷酢酸，うま味調味料を混合した調味液を添加する．0℃に調整した冷蔵庫中で48時間熟成し，7×8×7 cm（400 g）の大きさにカットしてポリエチレンで包んで販売する．野菜と水産物の比はベニザケ9，ハクサイ62，グリーンボール16，ダイコン9，ニンジン1，昆布3である．代表的製品の分析値は，固形物割合85％，食塩2.0％，うま味調味料1.2％，全糖2.0％であった．1.5～2.0％の低塩に加えて，野菜とサケ，米麹の旨味成分が美味である．

3.9.4　ニシン漬

　北海道では，冬期のニシン漬は大切な漬物である．関東で市販されているもの

は乳酸発酵のため酸っぱい漬物と思われているが，原産地の北海道では酸味を出さないようにしており，暖かい函館では発酵しやすい糖分の多いキャベツを少なくダイコンを多くし，寒い旭川では逆にしている．

　函館のニシン漬の材料を示すと，ダイコン 3 kg，ニンジン 100 g，米麹 500 g，身欠ニシン 500 g，食塩 270 g，温湯 200 ml である．ダイコンは 5 mm の厚さの短冊切り，ニンジンは千六本切りにし，250 g の食塩を加えて 2 日間塩漬けする．身欠ニシンは半日水に浸し，鱗をとってダイコンと同じ大きさに切ってから，20 g の食塩をまぶす．米麹は温湯を絡めてしっとりさせる．桶にダイコン，ニンジン，身欠ニシン，米麹の順で並べてゆく．落とし蓋と重石をして冷蔵庫に入れ，2 週間ほどで食べられるようになる．

3.9.5　かぶらずし

　かぶらずしは金沢地方の漬物で，加賀藩が将軍家に献上したという歴史がある．石川特産の金沢青カブの輪切りに切り込みを入れた塩漬に，寒ブリをはさみ米麹で本漬けする．かぶらずしが加賀から越中に入ると大衆化してダイコンとニシンを組み合わせた「大根ずし」になり，一方魚の少ない飛騨に入ると塩イカ，スルメ，サバ，ついには油揚げをはさむようになった．

　製造法は，まずカブの上下を切り落として厚さ 3 cm くらいに切り，真ん中に横に切れ目を入れる．このとき，皮の苦味を残すためむかないようにする．カブ重量の 4% の食塩を用いて重石をし，1 週間塩漬けし，次に紅色の濃いブリを選び，3 枚におろして食塩 10% を加え冷蔵庫で同じく 1 週間塩漬けしておく．米麹 1.5 l（白米 825 g 使用）に米飯 2500 g（米 1125 g を炊飯したもの）を混ぜ，温湯 1.5～2.0 l を加え 55℃の室で 12 時間糖化させてやや硬めの甘酒をつくり，この中に塩漬ニンジンを練り合わせる．塩漬カブは取り出してよく水洗し，塩漬ブリは切り身をスライスし 1 時間ほど脱塩した後，薄めた食酢（食酢 100 ml に水 300 ml を混ぜる）で 24 時間ほど酢締めをする．酢締めしたブリをカブの切れ目にはさみ，甘酒を加えて本漬けする．5～7 日ほど熟成させ，甘味，酸味のバランス，カブの苦味の消えかかった頃合いを見て供する．

　製品分析値では，重量の平均がカブ 94 g，ブリ 13 g の合計 107 g，食塩は 2.5～2.8%，全糖 6.5～10.0%，酸 0.11～0.46%，うま味調味料 0.02～0.2% であ

る．遊離アミノ酸は米麹に多く含まれているので，うま味調味料は少量しか添加しない．砂糖を使うとカブが縮むため代わりにステビアを使う場合もあるが，風味は落ちる．　　　　　　　　　　　　　　　　　　　　　　　　〔前田安彦〕

4 漬物工業における新製品開発

4.1 新製品開発の必要性

　漬物工業のもつ弱点の1つは，漬物用として消費者に認知される野菜が限定されていることである．出荷量の順に，ダイコン，ハクサイ，キュウリ，漬菜，ウメ，ショウガ，ラッキョウ，ナス，カブ，シロウリ，ニンニク，山菜，キノコ，ワサビ，ヤマゴボウといった15種類の野菜・果実，それにナタマメ，レンコン，大葉，シソの実など補助的なものでほとんどの漬物がつくられている．その他の野菜の漬物を製品化してもあまり認知されず，キャベツ，ピーマンの漬物などがわずかに生産されているのみである．戦後に漬物用として登場した新しい野菜として挙げられるのは，せいぜいワカメの芯，山クラゲ，ゴボウの3種類である．
　さらにこの15種類の漬物用野菜に対して使える調味資材も，食塩，醤油・アミノ酸液，食酢・有機酸，味噌，酒粕，キムチの素などで種類が少ない．最近普及し始めた米麹，塩麹，三五八床まで加えても，10種類そこそこといったところである．
　では，なぜ漬物工業は新製品開発を続けなければならないのだろうか．第一に，消費者が常に新しいものを求める食生活向上欲求がある．人間は新天地志向が強く，常に新しいものを追究する．第二に人間の嗜好は飽きる，すなわち同一食品摂取の習慣疲労がある．インスタントラーメンが常にモデルチェンジを繰り返し，味を少しずつ変えているのもこれが理由である．第三の理由は生産者側にあって，量販店に食い込むためには強い新製品をもって参入するのが早道である．山菜やキノコの漬物に限界が見えれば釜飯の素にするなど，手持ちの漬物用原材料を発想の転換で漬物以外の形にするのもこの一例である．

4.2　新製品開発の方向性の分類

　漬物の新製品開発の方向性は3つある．まず新野菜を使うものであるが，これには前述の消費者の認知がかかわってくるので見込みは薄い．地方特産野菜や種苗会社が輸入した新野菜を含めても，業界全体の10%以下である．次に調味資材や色素，香料などの資材の変更で，高級化による差別化も含めると30%程度になる．残りの大部分は製造工程の変更による新製品開発であり，健康性，機能性，安心・安全などをアピールできる新要素がいささかでも付加されれば，大きな武器になる．

4.2.1　新しい野菜を使った新製品

　考え方には2つあり，1つは消費者に認知されている漬物用野菜の類縁種を使うパターンで，例えば泉州水ナスの代わりに山科ナス，加茂ナス，白ナス，一時ブームになったペピーノ（スペインナス）などを漬物化するものである．もう1つは全く新しい野菜，例えばモロヘイヤやオカヒジキなどを使うものである．

a.　類縁種の発掘

　類縁種は各地の地方野菜に多く，いくつかの漬物が開発されてきている．例えばハクサイでは，かつて日本三大漬菜の1つだった東京の山東菜が近年復活している．半結球のためハクサイ漬よりグリーン葉の面積が大きく，食物繊維がハクサイより多くよい歯切れを示すことが魅力である．漬菜では，野沢菜漬に九州筑後川周辺の山潮菜を使う試みがなされている．ダイコンでは東京の亀戸ダイコンの浅漬があるが，亀戸ダイコンは茎は純白で葉は緑，小型紡錘形の可憐なもので，3〜4月の短期間だけ市場に出る野菜である．

b.　漬物になっていない新しい野菜の研究

　群馬県では漬物組合を挙げてキャベツのキムチ化に取り組んでいるが，それを除けばキャベツの漬物は少ない．乳酸発酵漬物の材料として面白いのは'ルビーボール'という赤いキャベツで，これを食塩2.5%でサワークラウトにすると美しい色調に仕上がり，アントシアニンの機能性に加え乳酸菌の宝庫として優れた健康食品になる．このサワークラウトの揚がり水に砂糖，食酢もしくはクエン酸

を加えると，赤い乳酸菌飲料にもなる．オクラでは，赤オクラ'ベニー'の浅漬がある．乳酸菌飲料「ラブレ」の原料はニンジンであるが，乳酸発酵させれば時代にあった漬物がつくれるかもしれないし，沖縄の黄色い島ニンジン，あるいは鮮紅色の金時ニンジンなどを使うのも面白いだろう．

4.2.2 使用資材で変化をつける新製品
種類としては，外観向上，味覚向上，高級化，そして機能性資材の添加がある．
a. 着色の変化
本来赤く着色する福神漬を，黄色を増してカレー福神漬とした例が代表的なものである．JAS 規格で合成着色料使用が認められなくなってから，高価な赤の天然着色料よりもコストがかからないため，一気に黄色系の福神漬が増えた．全く色調を変えることもあり，紫赤色のしば漬風調味酢漬を黄色く着色してヒットした例がある．
b. 食酢の選択
JAS 規格では，酢漬には必ず食酢もしくは梅酢を使う必要がある．一般に酸 0.6〜1.0%の範囲で味をつくり，食酢 5 割，クエン酸 5 割の配合でクエン酸の清涼感を出す場合が多い．これまでは一般に醸造酢が使われてきたが，糖分を 7% 含む米酢，遊離アミノ酸を 0.5% 含む黒酢，あるいは果実酢のリンゴ酢，ワインビネガーを使うことも増えてきた（食酢の酸は 4.5%，醸造酢でも 15% と低いことを考慮する）．
c. 味覚の向上，濃厚化
これまでは調味浅漬，菜漬では素材の味を活かした淡白なものが好まれてきたが，京都祇園の「漬物寿司」は濃厚な魚介類に負けない濃厚調味のハクサイ漬，ナス漬，千枚漬，赤カブ漬などをつくってヒットさせた．また味噌漬でも味噌に漬けるだけでなく，いったん粕漬にしたあと味噌漬にしたり，アミノ酸液，砂糖，うま味調味料，味噌の漬床に数回漬け替えて，その間に 5% 近い塩度まで下げた濃厚な味覚で知られる製品もある．この種の製品は高価なので，量販店でなく自社の店舗，通販などで売ることが多い．
d. かつおぶしの添加
かつおぶしを漬物に添加すると味わいが増すことが多く，すでに「かつお梅」，

「味噌かつおにんにく」,「かつおたくあん」が定番化している．たくあんにうま味調味料を加える際は 0.5% 以下が適量で，それ以上ではグル曹味を強く感じてしまうものだが，かつおぶしを加えると，うま味調味料を 2% にしても化学的な感じがせずうま味が向上する．一方でキュウリとは相性が悪いのか，キュウリ漬物では見られない．

  e. 水産物との混合

新潟県の漬物出荷量は全国 6 位であるが，ここでは数の子・野菜醤油漬,イカキムチなど水産物を添加した漬物が多い．野菜に調味料を加えた漬物だけでは似たような味から脱却できないが，そこに例えばイカの細刻を入れて漬けてみると，水産物の効果がよくわかる．実際にポサムキムチ，ニシン漬，サケのはさみ漬,かぶらずしなど，好評を得ている漬物には水産物の入ったものが多い．衛生面ではより高度な管理が必要になるが，将来性は大きい．

  f. 塩の選択

塩を替えるだけでも 1 つの新製品になる．塩は，化学的工程を経てつくられたいわゆる「精製塩」と，にがりなどを含んだ「自然塩」の 2 種類に大別できる．「自然塩使用」と記載すると味，健康面でよい印象を与えるためか，市販の漬物ではよく見かける．ただ，筆者が自然塩でと精製塩の両方でつくった漬物を比較して官能検査を行った限りでは，すべての面で差が判断できなかった．市販の漬物が強く調味されている現状では，自然塩のもつわずかなうま味は製品の味に埋没してしまい，トマトやゆで卵にふりかけて違いがわかるようなわけにはいかないのだろう．ただ自然塩には健康面での種々の効果が考えられるので，それを活かした新製品はありうる．

4.2.3 製造工程の改変による新製品

前述の通り，漬物の新製品の大部分はここに属する．パンや菓子のように小麦粉，またキャンディーや飴菓子のように砂糖と水飴を原料とする製品などでは，原料が形をなしていないため形の変化はやりやすい．しかし形ある野菜を原料とする漬物では，工程の変更くらいしか方法がないのが現実である．

  a. 切断形態・方法の変化

漬物は一般に整然と切ることが多く，例えばラッキョウは軸に対して直角に切

る．大粒ラッキョウと花ラッキョウは両端を切り詰め太鼓型に，中型は首の長い田舎切りに，など一応の常道がある．これを整然と切らずに，乱雑な大切り，小切り，斜め切りとすることで売れたのが「キュウリの刻み朝鮮漬」である．また，わざと切れ味の悪い包丁で切る秋田の「ナタワリガッコ」のように，ささくれ立った切り口をつくり調味液の浸透性を増すことで食感・食味をよくする場合もある．

　これまで切らずに販売していた漬物を，「切った製品」として販売する例も多い．これは，それぞれの漬物に適した切り方があるにもかかわらず消費者が知らなかったり，購入して切るのが面倒という消費者が増えたりしたことによる．鹿児島の山川漬は削ぐように切って三杯酢に漬けて食べるが，その食べ方があまり知られていなかったため，薄切りして甘い調味液に浸して九州名産の孟宗竹の壺に入れ，「壺漬」として売ったところ全国に広がった例がある．また福岡瀬高の「三池高菜」の古漬も，食物繊維が硬いところを叩くようにして1〜2 mmに切って食べる．これも近頃になって切って油炒めした製品が普及し，おにぎりの具材などに使われるようになった．

b.　乳酸発酵の導入

　わが国の乳酸発酵漬物は京都のすぐきと生しば漬が主で，合計しても年間1,000トンほどしか生産されていない．発酵でつくられる酢酸，乳酸によって葉物ではクロロフィルが分解され黄褐色になること，発酵中に生成した酢酸が揮発して不快な臭い（発酵臭）を発すること，販売中にも発酵は常に進行するので一定の品質のものがつくれないこと，袋詰めにすると注入液が微生物で濁ること，などが生産量の少なさの原因として挙げられる．漬物業界は事実上30年以上前からほとんど発酵を切り捨てており，発酵漬物に全くなじみのない若年層が多い．

　しかし「発酵してしまったもの」ではなく意図的に乳酸発酵させたものであれば乳酸菌の機能性も期待でき，変色に気をつければ新たな漬物になるだろう．白い部分の多い大阪白菜や杓子菜などならば外観の劣化が目立たないので，美しい乳酸発酵漬物ができるかもしれない．すでに製品化された例として，*Lactobacillus brevis*（ラブレ菌）を利用した京都西利の「ラブレ漬」がある．

　なおぬかみそ漬も乳酸発酵漬物だが，漬かってすぐ食べないと風味劣化が著しいので，よい市販品はほとんどない．

c. 野菜を調理して漬ける

漬物は通常生の野菜を漬けるが，焼く，炒める，炊くなど調理してから漬ける製品が見られるようになった．ネギの焼き漬，キノコの炒め漬，キュウリ・ダイコン・ピーマンの炒め漬，エシャロットの炊き漬などがある．

d. 古漬小袋の加熱処理の省略

千葉県館山のコミヤ味工のラッキョウ製品は，加熱処理をしないことで知られており，加熱の代わりに厳しく衛生管理をし，糖度を30％以上にして浸透圧を上げている．このように漬物企業の中には加熱処理による味や香りの劣化を避けたがるところも多く，コールドチェーンを使った袋詰めたくあんや調味漬の非殺菌製品も登場している．ただ消費者からは加熱の有無は判断しづらく，非加熱漬物はよく明示して宣伝材料とすることが重要である．

e. 圧搾率の上昇

塩蔵原料を脱塩，圧搾して調味漬をつくるときの圧搾率は普通40％まで，また割れるおそれのあるキュウリ一本漬けでは70％までとなっている．山形の櫛引農工連は村おこしの老舗として知られており，ここでは例外的に50％まで圧した「しなべきゅうり」という強い歯切れの製品をつくっている．しば漬風調味酢漬も30％で強めに圧搾すると物性がよくなるが，コストの面からたいていは40％までに留められている．

強い圧搾をして脱水し成分濃縮する京都の「すぐき」は，従来天秤を使って圧搾していたが，今は荒漬けだけ天秤を使い，樽に一次漬けを移した後はコンプレッサー圧搾器を使っている．これは75 kg，150 kg，250 kgの重石相当の力を調節でき，これを応用して圧しを強くした製品の開発も期待できる．〔前田安彦〕

5 漬物工業における微生物管理

5.1 漬物と微生物

　漬物には浅漬を始め，塩漬，キムチなど数多くの種類がある．そして，保存温度，食塩濃度，pH，添加物などにより，それぞれ異なった微生物の影響を受けている．乳酸菌や酵母はぬかみそ漬などの発酵漬物においては風味を形成する上で極めて重要な役割を果たしているが，浅漬や袋詰め製品においては酸敗・膨張の原因となる．また，腸炎ビブリオ菌や病原性大腸菌 O-157 などの食中毒菌が増殖し食中毒を起こすこともある．

　近年，賞味期限・消費期限表示の義務化，製造物責任法（PL 法）の制定，食品衛生法の改正，表示法の制定など食品製造に関わる法的背景は大きく変化している．また高度な衛生管理システムである HACCP 方式が，乳製品製造業，水産加

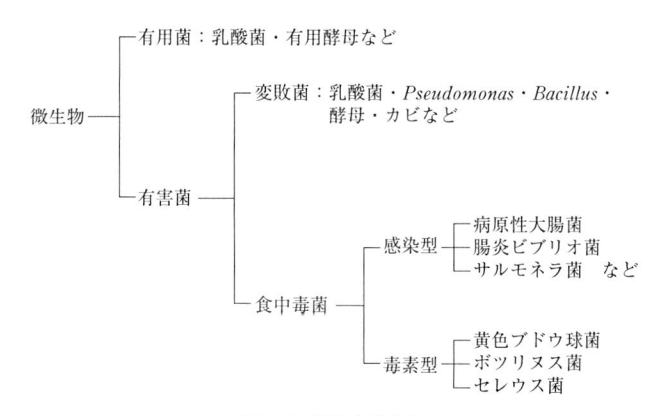

```
微生物 ─┬─ 有用菌：乳酸菌・有用酵母など
        │
        └─ 有害菌 ─┬─ 変敗菌：乳酸菌・Pseudomonas・Bacillus・
                  │         酵母・カビなど
                  │
                  └─ 食中毒菌 ─┬─ 感染型 ─┬─ 病原性大腸菌
                              │          ├─ 腸炎ビブリオ菌
                              │          └─ サルモネラ菌　など
                              │
                              └─ 毒素型 ─┬─ 黄色ブドウ球菌
                                         ├─ ボツリヌス菌
                                         └─ セレウス菌
```

図5.1　漬物と微生物

工，畜肉加工業界などにおいて導入されつつあり，今後も多くの食品産業分野において浸透していくものと考えられる．このような背景のもとで，漬物産業界はいうに及ばず，食品産業全体においても品質保持技術の高度化が要求されており，とくに微生物制御および微生物管理・検査に対する関心が高まっている．

漬物に関連する微生物を大まかに分類すると，図5.1のようになる．

❖ 5.2 発酵漬物 ❖

発酵漬物では，乳酸菌や酵母の発酵作用で生成される乳酸やエステル類によっていわゆる発酵風味が形成される．中でも乳酸菌は漬物に酸味を付与するだけでなく，保存性を高める重要な役割を有している．しかし，乳酸発酵を伴う発酵漬物は強い酸味を呈するため，わが国ではこれまであまり好まれない傾向があった．近年になって，乳酸菌，とくに植物性乳酸菌が様々な健康維持機能を有することが明らかにされたことから，発酵漬物に対する関心が高まっている．なお，発酵漬物および関与する微生物については3.8節を参照されたい．

❖ 5.3 漬物の微生物による変敗と食中毒 ❖

漬物には，土壌，水，空中など自然環境からの微生物汚染，食品工場における原料処理，加工あるいは流通過程からの微生物汚染が生じる．ときには，食中毒菌が汚染し増殖することにより，ヒトの健康を損ねるなどの大きな被害を与えることもある．したがって，漬物の微生物管理を行っていくには漬物を汚染する微生物の性質をよく理解し，それに対応した対策を実施することが大切である．

5.3.1 変　敗

漬物は主に野菜類を原料として製造されることから，土壌，水由来の微生物が一次汚染菌となり，さらに加工の内容によって汚染菌が形成される．

漬物で比較的多く見られる変敗事例は，浅漬類の濁りの発生や酸敗，袋詰め品の膨張などである．浅漬は低塩で漬けられ，加熱殺菌が行われずに製品化されることから容易に変敗を起こす．原因微生物のほとんどは原料野菜に由来している．

5.3 漬物の微生物による変敗と食中毒

表5.1 漬物の主な変敗と原因菌

変敗の状態	主な原因菌
調味液の濁り	乳酸菌, 大腸菌群, *Pseudomonas*, *Flavobacterium*
酸敗	乳酸菌, 酢酸菌, *Bacillus*
酪酸臭の生成	*Clostridium*
粘性化	*Pseudomonas*, *Bacillus*, *Leuconostoc*
変色	*Pseudomonas*, *Micrococcus*, *Alcaligenes*, *Bacillus*, *Candida*
着色	*Micrococcus*, *Rhodotorula*, *Halobacterium*
軟化	*Erwinia*, *Pseudomonas*, *Bacillus*, *Penicillium*, *Cladosporium*
膨張	*Leuconostoc mesenteroides*, *Lactobacillus brevis*, *Saccharomyces*, *Zygosaccharomyces*
産膜	*Debaryomyces*, *Pichia*, *Kloeckella*, *Candida*
酢酸エチルの生成	*Pichia anomala*
真空現象	*Micrococcus*, 酵母

製造直後は *Pseudomonas* 属菌,大腸菌群などのグラム陰性菌が多い傾向があるが,保存経過に従って乳酸菌の増殖が見られるようになり,酵母も出現するようになる.これらの微生物の増殖によって,浅漬の調味液の白濁化,酸度の上昇,野菜の退色が生じ,結果的に風味の低下を招くことになる.

膨張は小袋詰めによく見られる変敗で,未加熱製品や加熱殺菌したものでも加熱不足の場合に見られることがある.原因微生物の多くは発酵性酵母の増殖によって生じるが,ガスを生成する乳酸菌が原因となる場合もある.漬物における主な変敗事例とその原因菌を表5.1にまとめた.

5.3.2 食中毒菌

漬物に関係する食中毒菌としては,腸炎ビブリオ菌,サルモネラ菌,黄色ブドウ球菌,腸管出血性大腸菌が主なものであるが,中でも腸管出血性大腸菌 O-157 による食中毒は症状が重篤となる場合があり,最も注意する必要がある.また,今後漬物においても発生の可能性がある食中毒菌として,リステリア菌とボツリヌス菌を挙げることができる.

a. 腸炎ビブリオ菌

2〜4%の食塩存在下でよく増殖する好塩性細菌であり,増殖速度が非常に早い.生鮮魚介類を調理した器具や手指から他の食材への二次汚染による食中毒発生が多いが,60℃,15分程度の加熱で死滅する.

潜伏期は通常6～32時間で8～15時間が多く，発症すると上腹部の激しい痛み，下痢，発熱などが起こる．

対策としては，魚介類は調理前に真水でよく洗うようにし，また調理に使用した器具は次に使う前によく洗う．他に生食する食材を同時に調理する場合は，使う器具を分ける．あわせて，魚介類はわずかな時間でも5℃以下で保存するようにする．

b. サルモネラ菌

哺乳動物や鳥類の病原菌で，しばしば腸管内に保菌されているため，食肉，内臓，卵などが汚染源として重視されるが，すべてに病原性があるわけではない．

潜伏期は通常12～24時間で，腹痛，下痢，発熱などの症状が出る．主症状は1～2日で治り，1週間程度で完全に回復する．

対策として，食肉，卵などはよく加熱するようにする．

c. 黄色ブドウ球菌

エンテロトキシンと呼ばれる毒素を産生し，35～37℃が至適生育温度だが，6.6～45.5℃の温度範囲で生育が可能である．耐塩性があり，7.5％の食塩濃度でも増殖が可能であるが，60℃，30～60分の加熱で死滅する．人の皮膚に生育し，傷口から食材への二次感染が原因となりやすい．

潜伏期は通常1～6時間で，嘔吐，腹痛，下痢の症状が出るが，1～2日で回復する．

対策としては，傷のある手指で調理をしないようにし，傷口が食材に触れないように気を付ける．また，食材の加熱を十分に行う．

d. 腸管出血性大腸菌

Vero毒素と呼ばれる毒素を産生し，これが大腸で出血を起こす．少しの菌数でも発症するが，75℃，1分以上の加熱で死滅する．

潜伏期は，2～9日間と長く，発症すると血便，腹痛，下痢を特徴とする出血性大腸炎を起こす．さらに溶血性尿毒症症候群（HUS）を引き起こして腎臓や脳に障害を与えるため，短時間で死に至る場合がある．

対策として，食品は中心温度が75℃以上になるようによく加熱し，調理後は早めに食べるようにする．

e. リステリア菌

4℃以下の低温でも増殖し，6%以上の食塩濃度にも耐性がある．自然界に広く分布しているが，そのすべてに人に対する起病性があるかはわかっていない．なお，65℃，数分の加熱で死滅する．

潜伏期は，24時間～数週間と幅広い．人畜共通感染症であるリステリア症（乳児，妊婦，高齢者に多い）の原因菌であり，敗血症，髄膜炎など致死率の高い症状を引き起こす．その他，倦怠感，発熱なども伴う．

対策として，冷蔵保存した食品でも，食べる前に加熱を十分に行う．また冷蔵庫を過信せず，長期保存するものは冷蔵でなく冷凍保存するようにする．

f. ボツリヌス菌

土壌や海，湖，川などの泥砂中に分布している嫌気性菌で，熱に強い芽胞を形成する．3.3℃，pH4.6以上で酸素がなく，水分や栄養分がある状態で猛毒のボツリヌス毒素（神経毒）を産生し，死亡率は30%以上に達する．缶詰，瓶詰など，酸素がない状態の保存食品で発生しやすく，北海道や東北地方の特産である「いずし」による食中毒が報告されている．

潜伏時間は8～36時間で，吐き気，嘔吐や視力障害，言語障害，えん下困難などの神経症状が現れる．重症になると呼吸まひにより死亡する．

対策としては，真空パックや缶詰が膨張し，食品に異臭（酪酸臭）があるときは食べないようにする．ボツリヌス菌は熱に強い芽胞をつくるため，120℃，4分間あるいは100℃，6時間以上の加熱をしないと完全には死滅しない．

5.3.3 漬物を原因とする食中毒

腸管出血性大腸菌を含め，漬物が原因となった食中毒事件をまとめたものを図5.2に示した．図からもわかるように，年ごとの発生件数には増減が見られるが，多くは浅漬や和風キムチが原因である．図5.3は同様に食中毒の月別発生件数を見たもので，7～9月の気温の高い夏季に集中しており，夏季における食中毒菌対策が極めて重要であることを示している．また，図5.4は食中毒菌の種類と発生件数についてまとめたものである．原因菌のほとんどは腸炎ビブリオ菌であり，それにサルモネラ菌，黄色ブドウ球菌，病原性大腸菌が加わる．

以上から漬物製造における食中毒菌対策としては，浅漬や和風キムチのように

5. 漬物工業における微生物管理

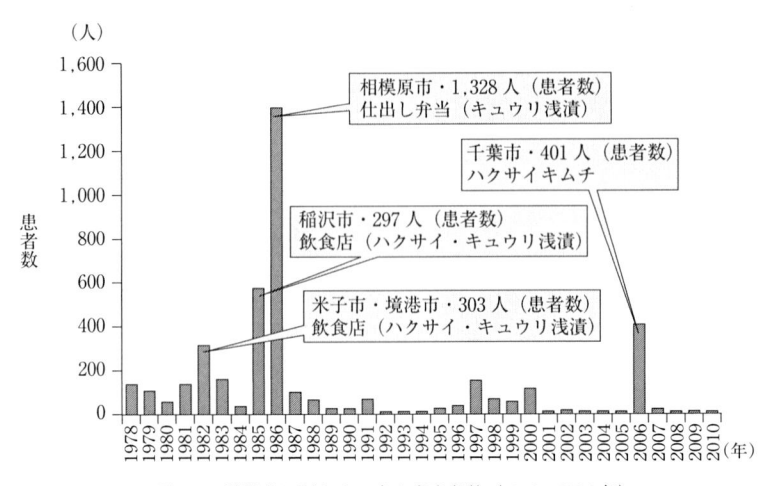

図 5.2 漬物を原因とする食中毒患者数（1978〜2010 年）

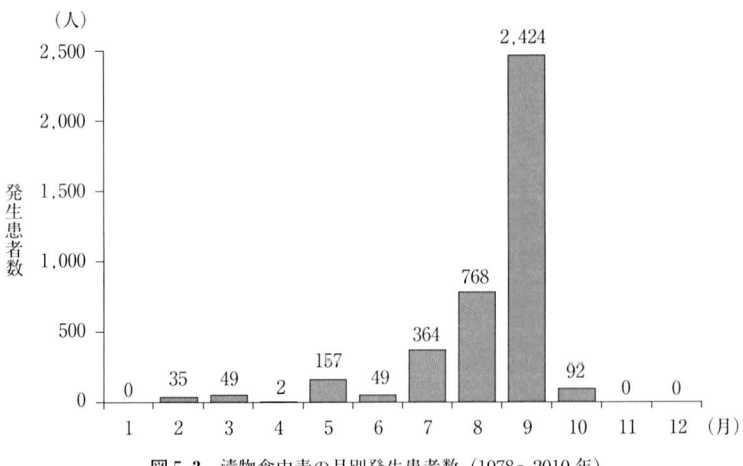

主な事例:
- 相模原市・1,328 人（患者数）仕出し弁当（キュウリ浅漬）
- 千葉市・401 人（患者数）ハクサイキムチ
- 稲沢市・297 人（患者数）飲食店（ハクサイ・キュウリ浅漬）
- 米子市・境港市・303 人（患者数）飲食店（ハクサイ・キュウリ浅漬）

図 5.3 漬物食中毒の月別発生患者数（1978〜2010 年）

月	1	2	3	4	5	6	7	8	9	10	11	12
発生患者数	0	35	49	2	157	49	364	768	2,424	92	0	0

非加熱で pH があまり低くない漬物に対してとくに注意を払う必要があり，対象となる食中毒菌としては，腸炎ビブリオ菌，サルモネラ菌，黄色ブドウ球菌，腸管出血性大腸菌が挙げられる．とりわけ，症状が重篤で死亡する場合があり，かつ少量の菌数（100 個程度といわれている）で感染する腸管出血性大腸菌に対する対策が極めて重要である．しかし現在，漬物では食中毒が起きていない食中毒

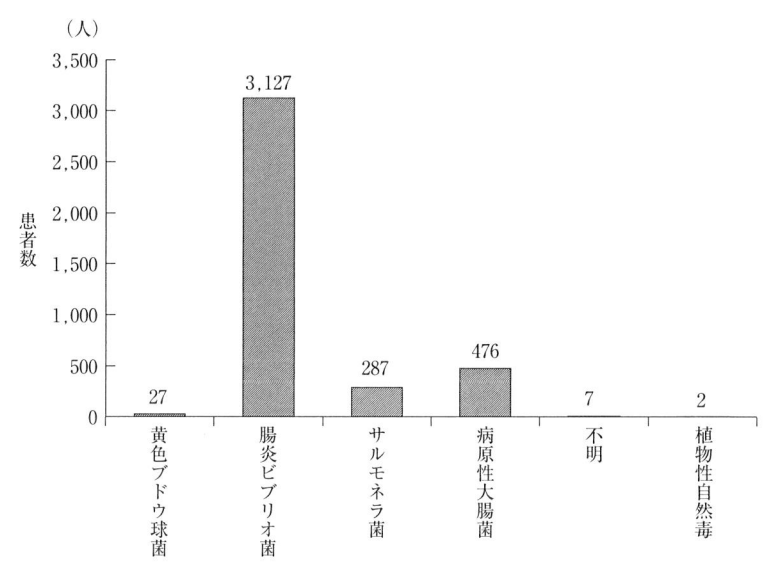

5.3 漬物の微生物による変敗と食中毒

図 5.4 漬物食中毒の原因菌と患者数（1978〜2010 年）

（棒グラフ：黄色ブドウ球菌 27、腸炎ビブリオ菌 3,127、サルモネラ菌 287、病原性大腸菌 476、不明 7、植物性自然毒 2）

菌からも目を離してはならない．例えば重篤な症状を示すリステリア菌は，畜肉製品における汚染が主であるが，海外ではリステリア菌に汚染されたキャベツが原因となった食中毒事件も起きている．リステリア菌は自然界に広範囲に分布しているだけでなく，冷蔵庫のような低温環境でも緩やかに増殖し，食塩耐性もあることから注意が必要である．なお加熱殺菌が行われる小袋包装品では，耐熱性のボツリヌス菌による食中毒の可能性が指摘されているが，ボツリヌス菌をキュウリおよび搾菜の醤油漬（pH4.7〜4.9）に接種した試験では，常温で 90 日間保存した後もボツリヌス菌の増殖や毒素産生は認められなかったことが報告されている[1]．

5.3.4 漬物を原因とする主な食中毒事件

加熱殺菌を行った漬物や酢漬，発酵漬物など，pH の低い酸性の漬物では病原大腸菌は死滅するので問題はないが，その他の場合は野菜は汚染されているものと考えて洗浄殺菌を適切に行うことが必要である．合わせて工場内，工場外を含めた製造環境の衛生管理を着実に実行していくことや，コールドチェーン（連続

性のある低温流通管理）を徹底していくことも大切である．ここでは，漬物を原因とする過去の食中毒例を振り返ってみることにする．

a. カブ浅漬による集団食中毒事件

2000年6月，埼玉県の老人保健施設において，腸管出血性大腸菌 O-157 による7名の患者と1名の保菌者が発生し，患者のうち3名が死亡した．調査の結果カブの浅漬が原因とされ，発生要因としてはカブの洗浄用に汲み置いた電解水（次亜塩素酸水）を使用したため殺菌に有効な塩素濃度に達していなかったことに加え，製造マニュアルになかった作業が不適切に行われたことが挙げられた[2]．

b. 「和風」キムチによる集団食中毒事件

2001年8月，埼玉，東京，群馬で，「和風」キムチを原因とする O-157 による集団食中毒事件が発生した．埼玉県にある全寮制児童自立支援施設では，生徒ら13名が食中毒症状を示し，うち5名が入院した．同時期に東京で13名，群馬で1名が発症している．本食中毒の原因食品は，埼玉県内の漬物業者が製造した「和風」キムチであることが判明している[3]．

c. キュウリ浅漬による集団食中毒事件

2002年6月，福岡市の保育園において，O-157 による食中毒事件が発生した．感染者は，園児，職員，園児の家族を含む112名に達し，症状を呈した患者は90名であった．そのうち溶血性尿毒症症候群を起こした者は6名で，原因食品はキュウリ浅漬であることが判明した．使用食材からは原因菌が検出されなかったため発生経路は明らかにできなかったが，その後の保健所での感染実験においてO-157 が付着すれば容易に増殖する状態であったことが確認されている．

d. ハクサイ浅漬による集団食中毒事件

2012年8月，北海道の高齢者施設やホテルなどで O-157 による集団食中毒事件が発生した．下痢や腹痛を訴えた患者は169人に達し，幼児や高齢者を中心に8人が溶血性尿毒症症候群を発症して死亡した．原因食品はハクサイ浅漬であることが判明した．発生原因は，製造工程における衛生管理の不備とされ，従業員に対する健康管理や衛生教育の不徹底も指摘された．本事件を教訓に，2013年12月，「漬物の衛生規範」が改正され，浅漬製造における衛生管理が強化されることになった．

以上は一例ではあるが，わが国における食中毒事件のほとんどは浅漬や「和風」

キムチが原因食品である．これらの製造における衛生管理の重要性はいうまでもない．

5.4 漬物の微生物管理

「和風」キムチや浅漬を原因食品とする食中毒が発生した結果，以前にも増して漬物製造における衛生・製造管理が重要になっている．食品製造における衛生管理体制としては，HACCP（危害分析重要管理点）方式に基づく自主的衛生管理システムがあり，実際に実行している食品メーカーもしだいに増えている．漬物製造に関しては，厚生労働省の「総合衛生管理製造過程」の承認の対象になってはいないが，同様の観点から自主的な衛生管理システムを構築することが望まれる．しかしながら，そのようなシステムを取り入れていくことが困難な食品製造企業が多いことも事実である．HACCPは高度な衛生管理システムであるが，それを支えているのは一般的衛生管理と呼ばれるものであり，さらに基本となるのはいわゆる「5S活動」である．これらは食品製造業において衛生管理を実施していく上で土台となる部分であり，時代の流れの中で避けて通ることができないものである．

5.4.1 一般的衛生管理

一般的衛生管理事項（表5.2）には，施設・設備の衛生管理，機械器具の保守

表5.2 一般的衛生管理事項

施設設備・付帯設備の衛生・保守管理
施設設備・機械器具の衛生・保守管理
そ族・昆虫の駆除
使用水の衛生管理
排水および廃棄物の衛生管理
従業員の衛生管理
従業員の衛生教育
食品などの衛生的取り扱い
製品の回収プログラム
試験検査に用いる設備等の保守管理
原材料，半製品，製品などの検査

点検，従業員の衛生教育，製品の回収など，衛生管理に関わる一般的な事項が含まれる．また，食品工場の施設・設備やその配置，排水処理，従業員の健康・衛生管理など，いわば食品工場における設備・機械などのハード面，健康管理・従業員教育などのソフト面の両方を含む作業環境条件を中心とした幅広い管理事項でもある．

HACCPシステムによる衛生管理では，危害の発生防止を行う上で重要な製造工程（重要管理点）を重点的に監視することになる．食品の製造工程の流れに従った直接的な箇所での管理が主体となるため，原材料・資材の保管，製造環境，作業員の衛生管理など，製造に関わる周辺の衛生管理には触れられてはいない．したがってHACCPを効果的に機能させるには，その前提となる施設・設備あるいは製造機械類の衛生管理が重要となる．また，「整理」，「整頓」，「清掃」，「清潔」，「躾（習慣）」のそれぞれの頭文字の「S」からとった5S活動があり，HACCPや一般的衛生管理に先立つ最も基本的な理念である．

5.4.2　保存性向上技術

漬物の保存性向上を考える上での制御技術としては，①どのようにして菌数を減らすか（洗浄，殺菌），②減らした菌数はどのようにして抑制するか（制菌），の2点が基本となる．また，これらのことを実行する際は，食品の特性に合わせた方法を選択することが重要である．例えば，加熱処理が不可能な浅漬やキムチの保存性を向上させる上で大切なことは，第一に洗浄や殺菌を行うことにより，製品中の初発菌数を可能な限り少なくすること，第二は流通時や保存時において低温流通（コールドチェーン）を一貫して行うこと，第三はこれらを基本とした上でpH調整，保存性向上剤の使用などの補助的手段をとることである．加えて，このような直接的な保存技術だけでなく間接的な方法として，製造ラインでの微生物管理や工場内環境の整備，従業員に対する微生物管理教育も重要であり，微生物制御を総合的に行うことこそが大切である．

最近では，一般的に行われている次亜塩素酸ナトリウム溶液を用いた洗浄殺菌に加え，オゾン水，酸性電解水を利用した殺菌洗浄技術を利用する例が増えている．また，従来のソルビン酸などの保存料を用いるほかに，天然物由来の抗菌物質が漬物の保存性向上に用いられている傾向が見られる．現在，食品の保存方法

表 5.3　食品の保存方法として用いられている微生物制御法

物理的	温度	高温殺菌（熱水・熱蒸気・加圧蒸気・マイクロ波加熱・通電加熱など），低温保存（低温流通・冷凍保存）
	ガス	真空，ガス置換，脱酸素
	除菌	無菌フィルター
	水分活性	乾燥，食塩添加，糖類添加，アルコール添加
	圧力	高圧殺菌，浸透圧
	電磁波	紫外線（波長 200〜300 nm），電離放射線（γ線・電子線）
化学的	pH	酸調整，アルカリ調整
	合成殺菌剤	次亜塩素酸，過酸化水素水
	合成保存料	安息香酸，プロピオン酸，パラオキシ安息香酸エステル，ソルビン酸，デヒドロ酢酸
	化合物	亜硝酸ナトリウム，グリシン，有機酸，界面活性剤（脂肪酸エステル）
	保存性向上物質	グリシン，酢酸ナトリウムなど
	天然物由来添加物	アルコール，香辛料（クローブ・ローズマリーなど），桂皮酸，ヒノキチオール，モウソウチク成分，ペクチン分解物，キトサン，プロタミン，ポリリジン，ホップ抽出物，トウガラシ抽出物，ベタインなど
	ガス	オゾンガス，カラシ抽出物蒸気など
生物的	バイオプリザベーション	乳酸菌など

として用いられているものについて表 5.3 に列挙した．

5.4.3　天然物質由来抗菌物質の漬物加工への利用法

　漬物の保存性を高めるためには，加熱殺菌，低温流通に代表される物理的な方法が基本となるが，さらに化学的な方法として，pH 調整剤，ソルビン酸などの保存料の利用がある．しかし近年，消費者は化学的に合成された保存剤を敬遠する傾向があることから，天然由来の抗菌物質を利用した保存性向上やいわゆるバイオプリザベーションによる方法が拡大する傾向にある．

a. エタノール

　発酵生産物由来の抗菌物質の中で，最もよく利用されているのはエタノールであり，味噌，醤油，麺類などの保存の目的で年間約 7〜8 万 kl が利用されている．わが国では食品保存にエタノールを利用することはかなり普及しているが，世界

的にみると利用例は少ない．エタノールは殺菌および静菌目的で使用されているが，殺菌の目的には 30% 以上の濃度で使用されるのが一般的である．強い浸透圧上昇作用（水分活性低下作用）を有することから，浸透圧を高める（水分活性を低下させる）ことによって保存性を付与する場合にも多く利用されており，とくに古漬タイプの漬物や味噌，佃煮など比較的食塩濃度の高い食品に多く用いられている．グラム陽性，陰性菌のうち多くのものの生育を阻害するが，乳酸菌に対してはやや抗菌力は弱い傾向がみられる．また高濃度のエタノールは強い殺菌作用を有するため，直接食品の殺菌剤として利用したり，製造機器類や環境，作業員の手指の殺菌にも利用される．

b. 有機酸

有機酸には，乳酸，酢酸，グルコン酸，クエン酸などがあり，食品の pH 調整を行うことで保存性を向上させることができる．酢酸の抗菌力は pH の影響を強く受け，低 pH 域では低濃度であっても多くの細菌や真菌の生育を阻害する．一方，乳酸の場合は pH の影響はあまり受けないのが特徴で，とくに pH が 7.0 のような中性域では酢酸よりも効果のあることが知られている．

近年，有機酸の中では唯一グルコン酸にビフィズス菌の生育促進作用があることが明らかとなり，特定保健用食品の素材として認められたことから，pH 調整に利用する例が増加している．グルコン酸は非常に温和な酸味を有する有機酸で，クエン酸に比べて酸味度が 30% 前後と低いことから，酸味をあまり感じさせないで pH 調整ができる特性を有している．今後，このような機能性を有する有機酸の利用が拡大することが予想される．

c. 植物成分由来の抗菌物質

植物成分由来の抗菌物質は数多くあり，中でも香辛料由来のものが多く，シナモン，ローズマリー，クローブ，オールスパイスなどの抗菌性がよく知られている．トウガラシ水抽出物にも抗菌性があることが知られており，また近年では主成分としてアリルイソチオシアネート（AIT）を含有するカラシ抽出物が食品の保存性向上剤として注目され，多くの分野で利用されている．香辛料以外のものでは，ペクチン分解物，モウソウチク抽出物，ユッカ抽出物，ホップ抽出物，ヒノキチオール，カワラヨモギ抽出物，茶タンニンなどがあり，これ以外にもダイコン抽出物，オリーブ抽出物，ニンジン抽出物，キャベツ抽出物，ブドウ種子抽

出物，グレープフルーツ種子抽出物などにも抗菌性があることが知られている．

カラシ抽出物は，カラシやワサビを原料とし，水蒸気蒸留によって得られる揮発性物質である．細菌，酵母，カビの多くは低濃度で生育が抑制されるが，乳酸菌に対してはやや弱い傾向が認められる．カラシ抽出物は溶液状態よりも揮発性状態の方が強い抗菌力が発揮される特性を有することが知られており，とくにカビ，酵母に対して強い抗菌性を示す．

d. 動物成分由来の抗菌物質

キトサンは，自然界に広く存在するキチン質を加水分解することによって得られる高分子多糖類の一種である．白色から淡黄色の粉末で，水，有機溶媒には難溶であるが，酢酸，乳酸，リンゴ酸などの有機酸には溶解する．このキトサンの有機酸溶液（酢酸溶液が多い）には抗菌性があることが知られており，漬物類の保存性向上に多く利用されている．微生物細胞表層部に作用し，物質の透過性に影響を及ぼすものと考えられている．

キトサン以外の動物成分由来の抗菌物質では，サケやニシンの白子から得られる蛋白抽出物（プロタミン），卵白から得られるリゾチームなどがよく知られており，これ以外にも乳から得られるラクトフェリンや，カキ殻から得られるカキ殻焼成カルシウムなどがある．

5.5 漬物工業における細菌汚染と除菌

5.5.1 生野菜の細菌汚染とその除菌方法

浅漬は，原料野菜に付着している微生物がそのまま最終製品に移行するため，製品の品質低下を招きやすい．このような加工品の品質低下を抑制するには，低温流通や日持ち向上剤の利用などにより微生物の生育を制御する方法も有効であるが，それに先立って原料野菜に付着している微生物の除菌を行うことで製品の初発菌数を減少させ，品質低下を抑制することが何より重要である．野菜に付着している微生物の減少を図るには，バブリング洗浄，次亜塩素酸ナトリウム溶液への浸漬，オゾン水の利用などがあるが，近年は電解水の利用なども注目されている．

5.5.2 加工用原料野菜の細菌汚染

野菜は土壌あるいは水耕で栽培されているが，土壌栽培の場合は土壌，潅漑用水，動物のし尿，浮遊菌など様々なところから汚染を受けるとともに，収穫後の流通段階での汚染によって細菌叢（ミクロフロラ）が形成される．一般的に生野菜の汚染細菌数は 10^7/g を超えることはないとされているが，モヤシやカイワレダイコンなどの水耕栽培の場合には 10^7/g を超えることも珍しくない．実際の付着菌数は $10〜10^8$/g と幅広い範囲に散らばっており，多くは $10^4〜10^6$/g の範囲である．また一般的に外葉部の方が内葉部よりも多数の細菌で汚染されており，季節的には夏季の方が冬季よりも多い．中でも *Pseudomonas* 属菌や *Flavobacterium* 属菌，Enterobacteriaceae に属する細菌が優勢菌となる傾向がある．

加工用原料野菜に付着している細菌は長期間生存し，保存状態によっては増殖することが知られている．*Salmonella* 菌は葉菜で 1〜40 日，根菜では 10〜53 日，大腸菌は葉菜で 35 日間生残していたことが報告されている．またカット野菜では，8℃以下の保存条件下で増殖する食中毒菌は少ないが，20℃以上になると大腸菌群，*Bacillus cereus*，*Staphylococcus aureus*，*Campylobacter jejuni*，*Salmonella* Typhimurium といったほとんどの菌が増殖する．一般的に汚染細菌数は未処理の野菜よりもカット野菜の方が多いことが知られているが（洗浄殺菌が適切に行われている場合は減少する），これはカット，スライスなどの操作による細菌汚染や，野菜組織が切断されて細胞液など栄養に富む野菜汁が漏出することによる細菌の増殖の促進によるものである．千切り，スライスなどの操作により菌数は 10〜100 倍に増加する一方で，皮むき，水浸漬などの操作では菌数の減少が見られる．

5.5.3 浅漬における細菌の挙動

浅漬は，漬物の中で微生物の影響を最も受けやすいものの 1 つである．市販浅漬の生菌数を見ると，少ないものでは 10^3/ml のものもあるが，大部分のものは 10^4/ml から 10^6/ml で，10^8/ml に達しているものもときに見られる．生菌数が 10^7〜10^8/ml 以上になってくると調味液は白濁し，浅漬としての商品価値は急速に低下する．この白濁は微生物の増殖によって生ずるものであるが，白濁し始める頃は *Pseudomonas* 属菌，*Flavobacterium* 属菌，*Enterobacter* 属菌などのグラム陰

性菌が多く，白濁が進行すると，*Leuconostoc* 属菌，*Enterococcus* 属菌や *Lactobacillus* 属菌などの乳酸菌が主要な原因菌となる．このような微生物の増殖は乳酸を主とする有機酸の蓄積を起こすために，結果的には酸味の上昇，色調の変化，風味の低下を招き，浅漬の品質を低下させることになる．

5.5.4 加工用原料野菜の除菌

漬物類における食中毒の発生や微生物による品質劣化を防止するためには，原料野菜を汚染している食中毒菌はもちろんであるが，品質に悪影響を及ぼす土砂，昆虫類などの異物や有害菌を除去し，初発菌数を極力低減させることが基本的に重要である．さらには，その後の製造工程・流通過程においては，微生物の増殖を抑制することが求められる．

加工用原料野菜の洗浄方法には，物理的な除菌方法としては手洗浄や噴流式，曝気式の洗浄装置を利用したもの，化学的な除菌方法としては次亜塩素酸ナトリウム，酢酸などの有機酸を用いたもの，食品用洗浄剤，カルシウム製剤を利用したもの，またそれらの方法に加えて，オゾン水や電解水などを利用したものが導入されるようになった．そこで，現在行われている洗浄・殺菌技術について概要を述べるとともに，とくに浅漬や和風キムチの洗浄殺菌に有効と思われる方法について述べる．

a. 物理的除菌・殺菌

物理的除菌法としては，水浸漬，手洗浄，曝気洗浄，超音波洗浄，ブランチングなどがある．一般的には曝気洗浄が行われており，付着ゴミや付着土壌の洗浄に効果があることから一定の菌数の低減が可能であるものの，野菜自体に付着している微生物の除菌には限度がある．一方手洗浄は，土壌や腐敗部分など野菜の汚染状況がわかるので，案外除菌効果がある．

超音波洗浄では，20 kHz 以上の人間の耳に聞こえない周波数をもつ超音波を利用する．これはキャビテーション（空洞現象）による物理的洗浄作用を利用したもので，野菜に付着している細菌除去への応用が試みられている．しかし，野菜自体は軟らかい物体であることから，洗浄効果に対しては満足のいく結果が得られないのが現状である．なぜなら，超音波は金属面やガラス面のような剛体面の汚れを除去するには効果的であるが，軟らかい表面構造をもつ物体にはあまり効

果がないからである．

また，加熱を利用した殺菌があるが，生鮮野菜を原料とすることから加熱温度，時間に制約がある．短時間加熱（ブランチング）による除菌効果は効果的ではあるが，組織の軟化や色の変化が問題となり，実用的には大量処理が要求されることから機械的な面での検討もさらに必要だと思われる．宮尾ら[4)]は，カブを50℃で温和加熱処理を行った場合の付着細菌に及ぼす影響について検討を加えており，45～55℃という温和な加熱条件下ではグラム陰性菌は死滅しやすい傾向が認められ，とくに*Pseudomonas*属菌の熱感受性が高く，45℃，15分の加熱処理でも1/100に減少することがわかっている．このとき，グラム陰性菌は45℃の温和加熱処理でも細胞内成分の漏洩が認められることから，細胞膜の損傷が起こっているものと考えられる．大腸菌やサルモネラ菌はグラム陰性菌に属していることもあって，これらの食中毒菌対策として，原料野菜の歯切れにあまり影響を及ぼさない50～55℃での温和加熱処理（マイルドヒーティング）による除菌方法が期待されている．

b. 化学的な除菌

化学的な除菌方法としてよく利用されているものには，次亜塩素酸ナトリウムや酢酸を使った殺菌洗浄や，界面活性剤を含む食品用洗浄剤を利用した除菌洗浄などがあるが，この他にも酵素剤や焼成カルシウムを利用したもの，電解水を利用したものがある．

1) 次亜塩素酸ナトリウムによる殺菌洗浄

次亜塩素酸ナトリウムを用いた殺菌洗浄は，漬物業界やカット野菜業界で最も多く利用されている洗浄法である．次亜塩素酸ナトリウムの抗菌スペクトルは広く，グラム陰性菌，グラム陽性菌に対して強い抗菌力を示すだけでなく，一部の真菌類やノロウイルスなどにも有効であることが知られている．なお，次亜塩素酸ナトリウムは強い漂白作用や脱臭作用があり，眼などの粘膜に対して刺激性が強いので，使用の際には注意が必要である．また，光や熱によって分解するほか，重金属や二酸化炭素（空気中）が存在していると分解が起きる．保管の際は直射日光を避け，使用後は密栓し25℃以下で遮光して保存することが必須であり，金属製容器は分解を促進するので使用は避けなければならない．

次亜塩素酸ナトリウムの抗菌力は次亜塩素酸により発揮される．すなわち，次

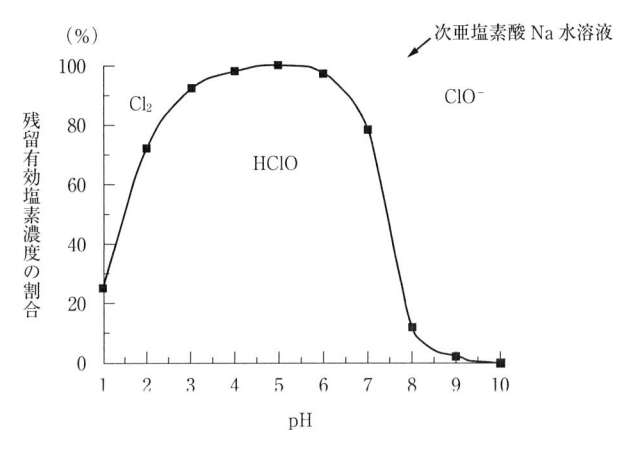

図5.5 有効塩素の存在状態

　亜塩素酸ナトリウムは水中では解離しており，殺菌性を有するのは未解離の次亜塩素酸（有効塩素）であるため，pHによる影響を強く受ける．図5.5で示すように，次亜塩素酸ナトリウムの水溶液はpH 8～9で，90％以上は次亜塩素酸イオンとなって解離しており，そのままでは抗菌力は乏しい．一方，pH 5～6では逆に90％以上のものが非解離の次亜塩素酸となることから，次亜塩素酸ナトリウムによる殺菌洗浄を行うにはこの範囲にpHをコントロールしながら使用する．なお，pHが4以下になると塩素ガスが発生しやすくなり，次亜塩素酸ナトリウム濃度が高い状態で混合すると危険なことから，十分な注意が必要である．実際に，各pHでの次亜塩素酸ナトリウムによる殺菌効果について調べてみると，pH 8～9のようなアルカリ側よりもpH 6.0以下の酸性側での効果が顕著である．

　名塚らは，次亜塩素酸ナトリウムの濃度および処理時間と，レタス，キャベツ，キュウリに接種した大腸菌O-157に対する洗浄殺菌効果について検討している．それによれば，次亜塩素酸ナトリウムを使用することにより殺菌洗浄効果は認められるが，有効塩素濃度を100，200，400 ppmと変化させて処理した場合の洗浄殺菌効果には，野菜の種類にかかわらず顕著な差がみられず，また時間的には5分間以上処理しても菌数の減少がそれほどみられなかったとされている[5]．有効塩素濃度を200 ppm以上の高濃度にしても効果が思ったほど期待できないこと，高濃度では野菜に対しては悪影響がでること，従業員の作業環境への配慮を考え

ると，100 ppm 程度，5～10 分間程度で洗浄殺菌を行うのが有用と思われる．

次亜塩素酸ナトリウム処理において注意すべきは，濃度管理を厳密に行うことと，原料野菜全体が殺菌できるように均等に処理を行うことである．水道水のように有機物が存在しない状態では濃度低下はあまり起こらないが，原料野菜と接触する洗浄では有効塩素濃度が低下していくので，随時測定しながら適正な濃度を維持することが必要である．一方で，洗浄槽内の次亜塩素酸ナトリウムの濃度ムラをなくし，原料野菜全体に次亜塩素酸ナトリウムが行き渡るように十分な撹拌を行うことも必要である．現在では，有効塩素濃度やpHを自動調整して次亜塩素酸ナトリウムを供給する装置もあって利用が可能である．

類似のものには亜塩素酸ナトリウムがある．ハクサイの表面に付着させた大腸菌 O-157 に対する殺菌試験において 500 ppm の亜塩素酸ナトリウムと 0.1％のクエン酸を含む亜塩素酸水を用いた場合，100 ppm の次亜塩素酸水と同程度の殺菌効果が得られたことが報告されている[6]．しかし，亜塩素酸ナトリウムを殺菌目的で使用する場合は食品衛生法上の規制があり，対象食品は生食野菜・果実および卵殻に限られていることから，漬物用原料野菜には現在のところ使用できない．

2) 次亜塩素酸水（微酸性電解水）による殺菌洗浄

電解水は食塩水や希塩酸を電気分解することによって得られる水溶液で，電気分解装置や分解条件によって表5.4に示すような数種類が得られる．衛生管理の目的には，強酸性電解水，微酸性電解水などが利用され，洗浄目的には強アルカリ電解水が利用されている．電解水のうち酸性側のものは，以前は食品には使用できなかったが，平成14年6月に食品衛生調査会の審議を経て，「次亜塩素酸水」として食品添加物に指定されたため，器具や設備だけでなく食品にも利用するこ

表5.4　各電解水の特徴

電解水	pH	有効塩素 (ppm)	電解槽	被電解物質	金属への影響	生成能力	効果
強酸性電解水	2.2～2.7	20～60	有隔膜	食塩水 <0.1%	やや影響あり	生成量は少ない	殺菌
微酸性電解水	5～6.5	10～30	無隔膜	塩酸水 6～8%	影響は少ない	大量に生成	殺菌
電解次亜水	8～9	80～100	無隔膜	食塩水 <0.1%	やや影響あり	大量に生成	殺菌

とができるようになった．これは，次亜塩素酸の殺菌効果が十分に発揮できる，微・弱酸性側での使用が可能になったことを意味する．

強電解水は，陽極と陰極が隔膜で分けられた電解槽で0.2％以下の食塩水を分解することによって生成される．陽極側では水が分解されて酸素と水素イオンが発生し，同時に食塩水に由来する塩素イオンからは塩素を生じる．発生した塩素は水と反応して次亜塩素酸と塩酸になり，陽極側のpHが2.7以下にまで低下して，有効塩素濃度が20～60 mg/kgの次亜塩素酸水が得られる．一方，陰極側で生成される強アルカリ水は洗浄効果が高いことが知られている．

次亜塩素酸水の殺菌作用の本態は，次亜塩素酸によるものであることが知られている．通常の次亜塩素酸ナトリウム水溶液がアルカリ性を示すのに対し，次亜塩素酸水は酸性を呈するので，手荒れが少ないなどの利点がある．ただ設置費用が高いこと，分解用電極には高価な金属が使われることから，取り替えのためのメンテナンス費用がかかるなどの短所もある．

3) 有機酸による殺菌洗浄

有機酸を食品保存に利用する場合は，日持ち向上の目的で使用されることが多い．洗浄殺菌剤としては短時間のうちに殺菌効果を発揮することが必要なため，pH低下作用の強い酢酸やフマール酸などが適している．実際に洗浄殺菌剤として利用されている有機酸の多くは醸造酢を含む高酸度酢を利用したもので，一部に乳酸やフマール酸を利用したものも見られる．

野菜に付着している細菌の中で酸に対して比較的抵抗性があるのは乳酸菌であるが，それ以外の食中毒菌を含む多くの細菌は酸の存在により殺菌される．有機酸の中で最も殺菌・静菌効果が高いのが酢酸であり，生育抑制効果および殺菌効果に関しては古くLevineら[7]の報告がある．その報告では，酵母，カビに対する殺菌濃度は0.59％以上，pHは3.9以下であることが必要であるが，サルモネラ菌やセレウス菌などの食中毒細菌に対しては，0.09％あるいは0.02％という低濃度で殺菌できることを明らかにしている．また島津ら[8]は，酢酸，乳酸，クエン酸の各1％溶液にキュウリを浸漬し，除菌効果を調べている．キュウリに付着していた生菌数は25～4.6万個/cm^2であったが，いずれの酸処理（15分間の処理）によっても生菌数の減少が見られ，酢酸の場合は5個/cm^2まで減少しており，実用的には1％酢酸，15分浸漬による方法が有望であるとしている．さらに，カイ

ワレダイコンの付着細菌に対する殺菌洗浄に関しては，酢酸製剤やフマール酸製剤への浸漬によって一般細菌および大腸菌群は顕著に減少することが報告されている[9]．

　酢酸の実際の使用にあたっては，対象とするものが野菜などの食品であることから醸造酢をもとにした高酸度酢を利用することが望ましい．したがって，酢酸濃度が0.5～1.0%となるよう高酸度酢を用いて調整したものに，10～15分浸漬するのが基本となる．しかし，野菜の種類によっては味や色に対する影響も考えられることから，それぞれの特性に合わせた処理濃度や処理時間について検討した上で実行することが必要であろう．また，洗浄回数が増えてくると酢酸濃度が低下することから，濃度維持をはかるために高酸度酢を適宜追加することや，原料野菜に均等に酢酸を接触させるための十分な撹拌が行える洗浄槽を使用することが大切である．

　その他，次亜塩素酸ナトリウム処理と酢酸処理を併用する場合がある．この方法の利点は，原料野菜に残留している次亜塩素酸ナトリウム特有の臭気を酢酸の作用によって軽減できることや，タイプの異なる洗浄殺菌の組み合わせによって殺菌効果が高まることなどである．

4）オゾン水による殺菌洗浄

　オゾンは極めて強い酸化作用をもつことから，殺菌，脱臭，漂白などにオゾンガスを水に溶解させたオゾン水の形で利用されており，上水道，プール水，水族館の水の殺菌や脱臭などの処理用として普及している．オゾンは広範囲の微生物の殺菌に有効で，栄養細胞だけでなく芽胞に対しても有効である．細菌に対する殺菌作用は，オゾンガスが水分と反応して生成したヒドロキシラジカルが細菌細胞壁を酸化的に破壊することによるものと考えられている．したがって，細胞壁の異なるグラム陰性菌とグラム陽性菌に対するオゾンの殺菌効果も異なっており，グラム陰性菌は容易に殺菌されるが，多くのグラム陽性菌や芽胞には抵抗性があるため，殺菌にはより高濃度のオゾンを必要とする．オゾン水を用いた殺菌洗浄において，細菌以外の有機物が存在するとオゾンが消費されて殺菌効果が減少することが知られており，その点において不安定さが残るという問題がある．またオゾンガスは毒作用が強く，1 ppmのガスを長時間吸入すると頭痛や眼粘膜刺激を起こし，3 ppm以上になると急性肺水腫を起こすなど危険な面も有しているこ

とから，オゾンガスを用いた殺菌を利用する場合は注意が必要である．なお，空気中オゾンの作業環境基準（勧告許容限界）は，日本および米国で 0.1 ppm とされている．

　水中に細菌および酵母を浮遊させ，それにオゾンガスを一定量吹き込んだ場合は，極めて短時間のうちに細菌および酵母の殺菌が行われる．しかし，有機物が共存している場合，例えばオゾン水の中にオゾン水の容量の 1/2 量のハクサイを浸漬した場合は，試験開始後 30 秒間以内で急激な濃度の低下を示し，5 分後には 50％の減少率となる．水のみの場合では 50％の減少率となるのに約 1.5 時間かかっていることを考えると，有機物の共存によってオゾンは急速に消費されることがわかる．原料野菜の除菌にオゾン水を利用した場合，2.9 あるいは 3.5 ppm のオゾン水に 5〜7 分間カット野菜を浸漬することによって，一般生菌数では 95.1〜98.3％，大腸菌群では 87.5〜96.4％の除去率を得ており，オゾン水が加工用原料野菜の除菌に効果があることがわかる．一般的に 99％程度の除菌効果を期待する場合は，3 ppm 以上のオゾン濃度を有するオゾン水で処理することが必要と思われるが，オゾンガスを水中に溶解させる方法では最大でも 5 ppm 前後が限界である．しかし近年，水を直接電気分解することにより，10 ppm 以上の高濃度のオゾン水が容易に得られるようになっており，カット野菜などの洗浄殺菌に一部応用されている．

　5）その他の殺菌洗浄

　加工用原料野菜の除菌方法としては，上述した方法以外に酵素含有洗浄剤，カルシウム製剤溶液，過酸化水素などの利用が検討されている．

　酵素含有洗浄剤は，有機酸，脂肪酸エステルに酵素のセルラーゼを配合したものである．細菌類は野菜などの固形物に対してバイオフィルムによって結合しているが，これをセルラーゼを主体とする酵素を用いて切断し，効果的に除菌しようとするものである．

　カルシウム製剤は，カキやホッキ貝などの殻を加熱して得られる酸化カルシウムおよび水酸化カルシウムを主体とする製剤である．0.15〜0.30％のカルシウム製剤懸濁液に 30 分間浸漬した野沢菜では，水道水に浸漬したものと比較して 10^2 オーダー程度の菌数の減少があったことを報告されている．カルシウムが主体となるため，野菜の歯切れをよくするという副次的効果もある．

過酸化水素は現在，殺菌剤として使用することが認められているが，最終食品の完成前に過酸化水素を分解または除去することが条件となっており，実際の食品への利用としては数の子の漂白などに使用されている程度である．以前は使用制限もなく，ゆで麺や水産練り製品などに対し殺菌や保存の目的から使用されていたが，微弱ながらも発がん性が認められたことから上記のような使用制限が設けられた．

　米国 FDA は過酸化水素を GRAS 物質と認めており，チーズ用乳，ホエー，でんぷんなどに使用が許可されている．欧米においてカット野菜や果実への利用について検討を加えた例としては，Rij ら[10] が蒸気状過酸化水素でブドウを処理し，ブドウの腐敗菌の殺菌に効果のあったことを報告している．また，Gerald ら[11] は蛍光性 *Pseudomonas* 属菌を付着させたマッシュルーム，ズッキーニ，カンタループ（メロンの一種）を 5% 過酸化水素水を用いて殺菌洗浄し，処理後に 4℃ での保存試験を行ったところ，次亜塩素酸とほぼ同程度の効果があったことを報告している．

6) 洗浄殺菌後の注意点

　洗浄殺菌後は，次亜塩素酸ナトリウムや酢酸の残留による野菜への影響を極力減らすために，水洗浄を十分に行う．またその後の微生物の増殖を抑制するために，品温 5℃ 以下での下漬けを行うことが極めて重要であり，保管，流通段階においても 5℃ 以下での継続した低温管理（コールドチェーン）を行うことも大切である．とくに微生物の増殖が著しい夏季においては，製品冷蔵保管庫から搬送用のトラックに製品を積み込むところで長時間放置されたような場合は品温が急速に上昇することになるので，短時間のうちにスムーズに行うことが大切である．

　また，流通段階における製品中の微生物の増殖を抑制するために，野菜の特性に合わせた調味液の pH 調整や日持ち向上剤の利用なども有効である．

〔宮尾茂雄〕

文　献

1) 石村勝之他（2005）．広島市衛研年報，(24)，39-48．
2) 上原怜子他（2000）．病原微生物検出情報，**21**，272-273．
3) 斎藤章暢他（2001）．病原微生物検出情報，**22**，290-291．
4) 宮尾茂雄・小川敏男（1990）．日食工誌，**37**，433-438．

5) 名塚英一他（2005）. 日食微誌, **22**（3）, 89-94.
6) 稲津康弘他（2004）. 食品工業, **47**（10）, 46-52.
7) Levine, A. S. and Fellers, C. R. (1940). *J. Bacteriol.*, **39**(5), 499-515.
8) 島津祐子他（1987）. 岩手県醸造食品試験場報告,（21）, 11-14.
9) 熊谷　進（1997）. 食品衛生研究, **47**（11）, 29-34.
10) Rij, R. E. and Forney, C. F. (1995). *Crop Prot.*, **14**, 131-135.
11) Gerald, M. S. and Simmons, G. F. (1998). *Food Technol.*, **52**(2), 48-52.

索　　引

欧　文

5S 活動　151
ESP　27
HACCP　151
HAP　18
Helicobacter pylori　40
HMTP　32
HVP　18
JNK 経路　47
Keap1　36
Keap1-Nrf2 システム　36
Lactobacillus brevis　123
Lactobacillus plantarum　123
Leuconostoc mesenteroides　122
MAP キナーゼ　46
MTBI　32
Nrf2　36
PPARγ　46
PTCC　33
S-アルキ（ケニ）ル-L-システインスルフォキシド　26
TNF-α　46
TPMT　33
TRPV1　45
Vero 毒素　146

あ　行

赤カブ漬　84, 130
浅漬キムチ　119
浅漬の素　58
渥美沢庵　96
アディポネクチン　46
アブラナ科野菜　23
アポトーシス　37
アリイナーゼ　28
アリイン　28
アリルイソチオシアネート　154
硫黄同化　23
いぜこみ菜漬　132
伊勢沢庵　96
イソアリイン　28
イソチオシアネート　26
一般的衛生管理　151
イヌリン　72
いぶりがっこ　94
インターフェロン　54
印籠漬　75

ウメ　12
梅漬　102
ウメ漬物　100
梅干　102

エタノール　153
荏裹　4
エピチオニトリル　28
延喜式　1
エンテロトキシン　146

オイシンゴンジー　117
オイソバキ　116
黄色ブドウ球菌　146
近江漬　64
オゾン水　162
オリゴ糖　53

か　行

カクトウギ　115
粕漬　86
数の子わさび　88
カスパーゼ3　37
カスパーゼ8　37

カスパーゼ9　38
活性酸素　71
カブ　14
カプサイシン　120
かぶらずし　135
釜飯の素　79
カラシ菜漬　61
辛子油　21
カリカリ梅　104
カンキョウ　42
冠動脈疾患の予防　38
甘味資材　18

キトサン　155
紀ノ川漬　94
キノコ　71
　——の醤油漬　72
キムジャンキムチ　113
キムチ　113
　——の設計　119
キュウリ　11
キュウリ醤油漬　68

クエン酸　105
クライマクテリック型果実　103
グルコシノレート　23
グルタチオンS-トランスフェラーゼ　35
クレノハジカミ　2
クローブ　154
葷　13

血小板凝集抑制　38
血栓予防　38
解毒機能　35

抗菌性　39
こうじ漬け　109
麹漬　109
コールドチェーン　152

さ 行

西京漬　134
魚の粕漬　133
桜島ダイコン　87
さくら漬　83

サケのはさみ漬　134
三五八漬　64, 111
搾菜　61
砂糖しぼりダイコン　57, 93
サルモネラ菌　146
サワークラウト　127
山海漬　88
山菜　71
　——の醤油漬　72
三大漬菜　30, 59
産膜酵母　129
酸味資材　18

次亜塩素酸水　160
次亜塩素酸ナトリウム　158
塩押したくあん　90, 93
塩麹漬　110
塩の選択　140
四季漬物塩嘉言　5
紫錦梅　109
シトクロームP-450酵素　35
シナモン　154
しば漬風調味酢漬　84
シヘクキムチ　118
脂肪細胞　45
ジャンアチ　118
ジャンキムチ　117
ショウガ　12, 40
ショウガオール　44
ショウガ漬　82
ショウキョウ　42
醤油漬　65
除菌　157
食塩含有量　7
食中毒菌　145
食中毒事件　149
植物性乳酸菌　53
食物繊維　125
白干ウメ　107
シロウリ　15
白カビ　129
ジンゲロール　43
ジンゲロン　44
新製品開発　137
新漬たくあん　95

シンバイオティクス 53

スイートピクルス 85
ス入り 94
四葉 69
すぐき 126
須々保利 3
酢漬 80
すなな漬 132
スルフィド 21, 29
すんき 131
すんき干し 131

斉民要術 1
切断形態 140
千枚漬 57

た 行

第一相代謝酵素 36
ダイコン 10
第二相代謝酵素 36
高菜漬 61
たくあん 89
　──の臭い 92
たくあん原木 90
沢庵宗彭 5
多々羅比売花搗 4
タレキムチ 119

チオスルフィネート 29
腸炎ビブリオ菌 143, 145
超音波洗浄 157
腸管出血性大腸菌 40, 146
腸内細菌 30
腸内分解性 30
調味浅漬 56
チョンガキムチ 115
チラー 60

「漬かる」 6
搗 4
漬菜 12
漬物用果実 9
漬物用野菜 9
包みキムチ 114

つぼ漬 98
詰物漬物 74

低温流通 152
呈味成分 8
ディルシード 128
ディルピクルス 85
デスルフォグルコシノレート 30
鉄砲漬 75
天然物質由来抗菌物質 153

トガキムチ 118
トンチミー 117

な 行

ナス 14
　──の調味浅漬 56
ナタ漬 112
ナタマメ 66
菜の花漬 62
ナバクキムチ 117
生しば漬 127
奈良漬 86
南高梅 101

ニシン漬 134
日光巻き 74
ニトリル 26
乳酸菌 95
乳酸発酵 141
菹 3
ニンニク 15

ぬかみそ漬 129

ネギ属野菜 26

野沢菜漬 59

は 行

梅肉エキス 108
泡菜 129
ハクサイ 10
ハクサイ漬 62
生薑 41

ハタハタずし 109
発酵漬物 122
早漬たくあん 93

美化資材 19
ピクルス 85, 128
ビタミンB_1 129
病原性大腸菌 O-157 143
広島菜漬 60

福神漬 65
プレバイオティクス 53
プロバイオティクス 50
プロビイン 28
プロピオン酸菌 53

ペクキムチ 114
ペチュキムチ 113
ペチュトンチミー 117
べったら漬 109
ヘテロ型乳酸発酵 122
変敗 144

包装資材 19
膨張 145
防腐資材 19
ボサムキムチ 114
干したくあん 90, 95
保存性向上技術 152
ボツリヌス菌 147
ホモ型乳酸発酵 123
ポリフェノール 71

ま 行

巻物漬物 74
味覚資材 17

水菜漬 64
味噌漬 134
ミロシナーゼ 26

ムルキムチ 116

メチイン 28

木簡 1
守口ダイコン 87

や 行

八和ノ薑 2
ヤマアララギ 2
山川漬 97
ヤマゴボウ 16
  ——の醤油漬 72
ヤングペチュボムリ 114

有機酸 154, 161

養肝漬 75
溶血性尿毒症症候群 146

ら 行

酪酸菌 53
ラッキョウ 13
ラッキョウ漬 80

リステリア菌 147
リンゴ酸 105

ローズマリー 154

わ 行

ワサビ 16
ワサビ漬 87

編者略歴

前田　安彦
（まえだ　やすひこ）
1931 年　東京都に生まれる
1951 年　宇都宮大学農林専門学校農芸化学科卒業
現　在　宇都宮大学名誉教授

宮尾　茂雄
（みやお　しげお）
1949 年　富山県に生まれる
1973 年　東京農工大学農学部卒業
現　在　東京家政大学家政学部教授
　　　　四川大学客員教授
　　　　農学博士

食物と健康の科学シリーズ
漬物の機能と科学　　　　　　　　定価はカバーに表示

2014 年 10 月 25 日　初版第 1 刷
2020 年 2 月 25 日　　第 2 刷

編　者　前　田　安　彦
　　　　宮　尾　茂　雄
発行者　朝　倉　誠　造
発行所　株式会社　朝　倉　書　店
　　　　東京都新宿区新小川町 6-29
　　　　郵便番号　162-8707
　　　　電　話　03(3260)0141
　　　　FAX　03(3260)0180
　　　　http://www.asakura.co.jp

〈検印省略〉

© 2014〈無断複写・転載を禁ず〉　　　新日本印刷・渡辺製本

ISBN 978-4-254-43545-0　C 3361　　　Printed in Japan

JCOPY　<出版者著作権管理機構 委託出版物>
本書の無断複写は著作権法上での例外を除き禁じられています．複写される場合は，
そのつど事前に，出版者著作権管理機構（電話 03-5244-5088, FAX 03-5244-5089,
e-mail: info@jcopy.or.jp）の許諾を得てください．

好評の事典・辞典・ハンドブック

書名	編者	判型・頁数
感染症の事典	国立感染症研究所学友会 編	B5判 336頁
呼吸の事典	有田秀穂 編	A5判 744頁
咀嚼の事典	井出吉信 編	B5判 368頁
口と歯の事典	高戸 毅ほか 編	B5判 436頁
皮膚の事典	溝口昌子ほか 編	B5判 388頁
からだと水の事典	佐々木成ほか 編	B5判 372頁
からだと酸素の事典	酸素ダイナミクス研究会 編	B5判 596頁
炎症・再生医学事典	松島綱治ほか 編	B5判 584頁
からだと温度の事典	彼末一之 監修	B5判 640頁
からだと光の事典	太陽紫外線防御研究委員会 編	B5判 432頁
からだの年齢事典	鈴木隆雄ほか 編	B5判 528頁
看護・介護・福祉の百科事典	糸川嘉則 編	A5判 676頁
リハビリテーション医療事典	三上真弘ほか 編	B5判 336頁
食品工学ハンドブック	日本食品工学会 編	B5判 768頁
機能性食品の事典	荒井綜一ほか 編	B5判 480頁
食品安全の事典	日本食品衛生学会 編	B5判 660頁
食品技術総合事典	食品総合研究所 編	B5判 616頁
日本の伝統食品事典	日本伝統食品研究会 編	A5判 648頁
ミルクの事典	上野川修一ほか 編	B5判 580頁
新版 家政学事典	日本家政学会 編	B5判 984頁
育児の事典	平山宗宏ほか 編	A5判 528頁

価格・概要等は小社ホームページをご覧ください．